Quick Guide

Reihe herausgegeben von
Springer Fachmedien Wiesbaden
Wiesbaden, Deutschland

Quick Guides liefern schnell erschließbares, kompaktes und umsetzungsorientiertes Wissen. Leser erhalten mit den Quick Guides verlässliche Fachinformationen, um mitreden, fundiert entscheiden und direkt handeln zu können.

Kristian Giesen

Quick Guide Krisenfrüherkennung im Unternehmen

Umsetzungsansätze für § 1 StaRUG

Kristian Giesen
FOM Hochschule für Oekonomie und Management
Hechingen, Deutschland

ISSN 2662-9240　　　　　　　ISSN 2662-9259 (electronic)
Quick Guide
ISBN 978-3-658-38073-1　　　ISBN 978-3-658-38074-8 (eBook)
https://doi.org/10.1007/978-3-658-38074-8

Die Deutsche Nationalbibliothek verzeichnet diese Publikation in der Deutschen Nationalbibliografie; detaillierte bibliografische Daten sind im Internet über http://dnb.d-nb.de abrufbar.

Springer Gabler
© Der/die Herausgeber bzw. der/die Autor(en), exklusiv lizenziert an Springer Fachmedien Wiesbaden GmbH, ein Teil von Springer Nature 2022
Das Werk einschließlich aller seiner Teile ist urheberrechtlich geschützt. Jede Verwertung, die nicht ausdrücklich vom Urheberrechtsgesetz zugelassen ist, bedarf der vorherigen Zustimmung des Verlags. Das gilt insbesondere für Vervielfältigungen, Bearbeitungen, Übersetzungen, Mikroverfilmungen und die Einspeicherung und Verarbeitung in elektronischen Systemen.
Die Wiedergabe von allgemein beschreibenden Bezeichnungen, Marken, Unternehmensnamen etc. in diesem Werk bedeutet nicht, dass diese frei durch jedermann benutzt werden dürfen. Die Berechtigung zur Benutzung unterliegt, auch ohne gesonderten Hinweis hierzu, den Regeln des Markenrechts. Die Rechte des jeweiligen Zeicheninhabers sind zu beachten.
Der Verlag, die Autoren und die Herausgeber gehen davon aus, dass die Angaben und Informationen in diesem Werk zum Zeitpunkt der Veröffentlichung vollständig und korrekt sind. Weder der Verlag, noch die Autoren oder die Herausgeber übernehmen, ausdrücklich oder implizit, Gewähr für den Inhalt des Werkes, etwaige Fehler oder Äußerungen. Der Verlag bleibt im Hinblick auf geografische Zuordnungen und Gebietsbezeichnungen in veröffentlichten Karten und Institutionsadressen neutral.

Planung/Lektorat: Vivien Bender
Springer Gabler ist ein Imprint der eingetragenen Gesellschaft Springer Fachmedien Wiesbaden GmbH und ist ein Teil von Springer Nature.
Die Anschrift der Gesellschaft ist: Abraham-Lincoln-Str. 46, 65189 Wiesbaden, Germany

Inhaltsverzeichnis

1 **Einleitung**   1

2 **Die Unternehmenskrise**   7
    2.1 Krisenursachen   7
    2.2 Verlauf der Unternehmenskrise   11
    2.3 Gesetzliche Anforderungen   17
    2.4 Krisenfrüherkennung im aktuellen Unternehmensumfeld   25
    2.5 Ursachen für fehlende Krisenfrüherkennung und vernachlässigtes Risikomanagement   40

3 **Methoden der Krisenfrüherkennung**   47
    3.1 Kennzahlenanalyse   49
    3.2 Liquiditätsplanung   60
    3.3 Indikatorenbasierte Früherkennung   66
    3.4 Fragenkataloge   68
    3.5 Stresstesting   75
    3.6 Strategische Frühaufklärung   80
    3.7 Risikomanagement   85

4 Zusammenfassung 97

Literatur 99

Über den Autor

Dr. Kristian Giesen hat die Professur für VWL und Finanzwesen an der FOM-Hochschule in Stuttgart. Seine Lehre konzentriert sich auf Risikomanagement, Entscheidungstheorie und diverse weitere betriebswirtschaftliche und finanzmathematische Vorlesungen. Darüber hinaus ist er Unternehmensberater mit dem Fokus Risikomanagement und Unternehmenskrisen. Er berät auch kleine und mittlere Unternehmen und Start-ups. Dr. Giesen hat jahrelange Erfahrung im Risikomanagement, war Berater bei einer Big-Four-Beratung und berät Unternehmen vorwiegend zu Themen aus dem Bereich Risikomanagement und Krisenfrüherkennung, mit dem Ziel, Unternehmen resistenter und zukunftssicherer zu gestalten.

1
Einleitung

Die Zukunft schien sich losgekoppelt von den Strukturen der Vergangenheit zu entwickeln, was naheliegender Weise auch zu einem Versagen der herkömmlichen Prognosemethoden führte. (Krystek und Müller-Stewens 1993)

> **Was Sie aus diesem Kapitel mitnehmen**
> - Eine alternative Bedeutung für Krisenfrüherkennung: „How Not to Die".
> - Unternehmen reagieren in der Praxis zu spät auf Krisen.
> - Es existieren Vorlagen und Hilfen für die Krisenfrüherkennung.
> - Krisenfrüherkennung wird gesetzlich vorgeschrieben, sollte jedoch aus reinem Selbstinteresse durchgeführt werden.

Niemand blickt gerne auf unschöne Tatsachen, doch manchen Unternehmen wird leider keine andere Wahl gelassen: sie müssen ein Scheitern eingestehen und den Weg zum Amtsgericht zur Insolvenzanmeldung bestreiten. Die Ursache für das Scheitern eines Unternehmens ist immer eine Unternehmenskrise. Diese endet manchmal sogar in einer Zerschlagung des Unternehmens und damit zu einem Verlust von Arbeitsplätzen, dem Ausbleiben von zukünftigen Gewinnen und es werden sämtliche Stakeholder des Unternehmens negativ berührt.

Die vielen Insolvenzen in Deutschland zeigen uns, dass dem Phänomen „Unternehmenskrise" nicht ausreichend Beachtung zugeteilt wird und manche Unternehmen nicht auf Krisen vorbereitet sind. Auch die Tatsache, dass für viele eine Krise aus „dem heiteren Himmel" kommt, ist ein Indiz dafür, dass man sich nicht ausreichend mit den möglichen Gefahren der Zukunft beschäftigt hat. Darüber hinaus erfüllen viele Unternehmen nicht die gesetzlichen Anforderungen, vielleicht auch deswegen, weil Ihnen die neuen gesetzlichen Anforderungen nicht bewusst sind (siehe Abschn. 2.3).

Der Begriff Krise kommt aus dem Griechischen und bezeichnet laut Duden eine schwierige Lage, die den Höhepunkt- und Wendepunkt einer gefährlichen Entwicklung darstellt. Krisen sind in vielen verschiedenen Kontexten zu finden: Politische Krisen, Wirtschaftskrisen, Projektkrisen, Ehekrisen und auch Unternehmenskrisen. Die Krisenfrüherkennung ist die Methodik, die bei Unternehmen das Bewusstsein und die Wahrnehmung für Probleme verbessern soll. Sie soll Unternehmen helfen, das Augenmerk auf die Zukunft zu richten; denn dort lauern Risiken bösartigerweise in den Seitengängen einer Zukunft, die uns den Blick um die Ecke verweigern (Romeike und Hager 2020).

In der unternehmerischen-Praxis zeigt sich eine Lücke zwischen Anspruch und Wirklichkeit der Krisenfrüherkennung; so wird durch Manager immer wieder bestätigt, wie wichtig die Krisenfrüherkennung ist und dass sie ein wichtiger Faktor für das Überleben von Unternehmen ist, sie wird aber (bedauerlicherweise) kaum umgesetzt (vgl. Exler et al. 2014). Vielfach – vor allem bei kleinen und mittelständischen Unternehmen – werden Risiken nur im Tagesgeschäft überwacht; eine Auseinandersetzung mit möglichen kommenden Szenarien findet nicht statt. So haben viele Unternehmen zwar eine Controlling-Abteilung, aber auch dort werden Risiken meist entweder gar nicht oder nicht fundiert behandelt. Krisen werden daher erst spät erkannt und es gibt dann kaum Handlungsspielraum für entsprechende Maßnahmen. Diese Art, mit Gefahren umzugehen, sorgt dafür, dass sich Unternehmen eher mit Krisenmanagement („Brand löschen") als mit Krisenvorsorge („Brand verhüten") beschäftigen müssen, mit entsprechend höheren Kosten (vgl. Krystek und Müller-Stewens 1993).

1 Einleitung

Im Auge der Krise, bzw. nach Insolvenzantragsstellung ist in der Praxis außerdem zu beobachten, dass sich die Geschäftsführung neben den Krisenbewältigungsmaßnahmen und der Restrukturierung oder Liquidation des Unternehmens häufig mit Fragen der Privathaftung der Geschäftsführung beschäftigt. Es ist dann unsicher, ob der Insolvenzantrag ggf. zu spät gestellt wurde oder ob gegen die „Sorgfalt eines ordentlichen Geschäftsleiters" verstoßen wurde. Darüber hinaus stellt sich die Frage, ob die Entscheidungen der Vergangenheit von guter Qualität waren und ob (auch noch nach 10 Jahren) beweisbar ist, dass die Entscheidungen auf „der Grundlage angemessener Information zum Wohle der Gesellschaft" (Business Judgement Rule, § 93 AktG) getroffen wurde.

Dieses Buch soll helfen, Unternehmenskrisen zu vermeiden. Es soll dem Leser neben den gesetzlichen Anforderungen auch die Sinnhaftigkeit von Krisenfrüherkennung aufzeigen und in Form eines Praxisleitfadens die diversen Methoden vorstellen. In diesem Buch wird auch an vielen Stellen auf das übergeordnete Risikomanagement eingegangen. Krisenfrüherkennung ist ein Teilgebiet des Risikomanagements; beide können als eine Denkhaltung verstanden werden, bei der sich das Unternehmen nicht vor der ungewissen Zukunft verschließt und sich nicht auf den Lorbeeren der Vergangenheit ausruht. Sich mit den Gefahren der Zukunft nicht zu beschäftigen, kann nämlich als äußerst fahrlässig angesehen werden; viele Unternehmen haben noch nicht verstanden, dass sie so ihren langfristigen Erfolg zum Glücksspiel machen. Die Vorteile eines funktionierenden Risikomanagement sind dabei offensichtlich, ein solches Unternehmen lässt sich durch mögliche Gefahren weniger überraschen und kann Chancen besser nutzen. In diesem Buch wird auch darauf eingegangen, dass Unternehmen, die sich mit Ihren Risiken strukturiert auseinandersetzen auch bessere Entscheidungen treffen bzw. einen Entscheidungsbedarf erkennen und damit strategisch besser für die Zukunft aufgestellt sind.

Die Corona-Pandemie hat uns erschreckend gezeigt, wie schnell sich Sachverhalte verändern können. Viele Unternehmen waren auf solch ein Extrem-Ereignis in keiner Weise vorbereitet und es ist wünschenswert, dass dadurch zumindest ein Lerneffekt entsteht, welcher dazu beiträgt, das „Stabilitätsdenken" abzulegen und sich viele Unternehmen für die Zukunft krisenresistenter aufstellen.

Diese bereits angesprochene Risikoblindheit ist bedauerlicherweise systematisch (Gleißner 2020). Viele große Konzerne und vor allem Banken haben jedoch verstanden, dass Risikomanagement ein strategischer Erfolgsfaktor ist. Zudem wird es durch mehrere Gesetze vom Regulator vorgeschrieben (z. B. Basel-Kriterien für Banken und KonTraG für Unternehmen). Diese gesetzlichen Forderungen an Unternehmen wurden zum 01.01.2021 neu präzisiert (§ 1 StaRUG). Es wird nun sehr deutlich gefordert, dass Krisenfrüherkennung eine Pflicht für sämtliche Kapitalgesellschaften darstellt (demnach auch für kleine und mittelständische Unternehmen, sofern es sich um Kapitalgesellschaften handelt). Bei Unternehmen, welche diese Pflicht nicht umsetzen, kann die Geschäftsführung in oder nach Krisensituationen mit zivil- und strafrechtlichen Tatbeständen und der Haftung mit dem Privatvermögen konfrontiert werden.

Für Personengesellschaften sieht der Gesetzgeber keine Notwendigkeit, entsprechende Forderungen vorzuschreiben, aber auch hier sollte Krisenfrüherkennung zum Schutz des eigenen Vermögens aus reinem Selbstzweck und intrinsischer Motivation erfolgen. Bei unbeschränkter persönlicher Haftung befindet sich in dieser Verantwortung mindestens eine natürliche Person, die starke Anreize haben sollte – als letztes Glied bei einer Liquidation – eine Insolvenz zu vermeiden. So zeigt sich beispielsweise, dass Familienunternehmen im Vergleich zu Kapitalgesellschaften vorsichtiger im Umgang mit Risiken sind (Gleißner 2015). Bei Kapitalgesellschaften hingegen kann das Eigeninteresse durch Privathaftungsrisiken der Geschäftsführung erreicht werden (vgl. Gleißner und Romeike 2022).

Dieses Buch konzentriert sich vor allem auf kleine und mittelständische Unternehmen, kann aber gleichwohl für internationale Großkonzerne hilfreich sein und so Unternehmen jeglicher Größe beim „Überleben" helfen. Weiterhin soll es Unternehmen verdeutlichen, dass Krisenfrüherkennung und Risikomanagement keine „lästigen Pflichten" sind, sondern vielmehr dazu beitragen, langfristig erfolgreich zu sein.

Um Unternehmenskrisen frühzeitig zu erkennen, ist es unabdingbar ein tiefes Verständnis von dem Krisenverlauf und dem Unternehmensumfeld zu haben. Zu diesem Zweck beschäftigt sich das an diese Einleitung anschließende Kapitel zwei mit dem Phänomen „Unternehmenskrise". Es wird der typische Krisenverlauf und die Krisenursachen beschrieben, wobei „Veränderungen" und „Entscheidungen" als Auslöser identifiziert werden. Dieses Kapitel geht auch auf die gesetzlichen Anforderungen und die besonderen Anforderungen an die Krisenfrüherkennung im aktuellen Unternehmensumfeld ein.

Im Kapitel drei werden die diversen Methoden der Krisenfrüherkennung vorgestellt, wobei ein besonderer Fokus auf das übergeordnete Risikomanagement gelegt wird.

Es sei auch angemerkt, dass Sie auf der Webseite des Autors (www.risikozweinull.de) weitere Materialien kostenlos herunterladen können.

Ihr Transfer in die Praxis
- Falls Sie in Ihrem Unternehmen keine Krisenfrüherkennung implementiert haben, besteht dringender Handlungsbedarf.
- Krisenfrüherkennung ist kein „Hexenwerk"; lassen Sie sich von Vorlagen inspirieren und leiten.
- Legen Sie das „Stabilitätsdenken" ab und stellen Sie Ihr Unternehmen krisenresistent auf.

2

Die Unternehmenskrise

> **Was Sie aus diesem Kapitel mitnehmen**
> - Was die typischen Krisenursachen sind und wie eine Krise verläuft.
> - Was die gesetzlichen Anforderungen sind und wieso die Unternehmensführung privat haftbar gemacht werden kann.
> - Die Wichtigkeit von Krisenfrüherkennung in der aktuellen, schnelllebigen Zeit.
> - Erklärungsansätze, warum Krisenfrüherkennung von vielen Unternehmen noch nicht umgesetzt wird.

„Was wir im Zeitalter des radikalen Wandels benötigen, ist der Gebrauch von Vorhersagen als einen Weg um Zeit zu kaufen, um Gefahren aufzuspüren, bevor sie unhandhabbar werden, und um Gelegenheiten zu erfassen, bevor sie verloren gehen." (Ian Wilson)

2.1 Krisenursachen

Die Betriebswirtschaftslehre beschäftigt sich seit geraumer Zeit mit der Krisenursachenforschung. Auf einer Metaebene lassen sich alle Krisen immer auf eine Kombination aus a) Veränderungen und b) fehlenden oder falschen Entscheidungen zurückführen. Beschäftigt man sich mit den Veränderungen, so können diese weiter in Veränderungen im Unternehmensumfeld (externe Ursachen) oder Veränderungen im Unternehmen selbst (interne Ursachen) aufgeteilt werden (vgl. Fleege-Althoff 1930). Externe Ursachen können beispielsweise veränderte Marktbedingungen, neue Technologien, ein stärkerer Wettbewerb oder auch Schwankungen der Marktpreise (Rohstoffpreise, Wechselkurse, höhere Zinsen), Katastrophen wie Überschwemmungen, Erdbeben oder Pandemien sein, die Aufzählung ließe sich sehr lange fortsetzen. Interne Ursachen hingegen können beispielsweise Betriebsunterbrechungen sein, Verlust der Kundentreue durch mangelhafte Produktion oder Kommunikation oder ein falsch gestaltetes Produktprogramm. Insbesondere gehören zu den internen Ursachen auch das Versagen von Menschen oder Systemen, wie beispielsweise ein Brand, eine Cyber-Attacke oder ein IT-Ausfall. Auch personelle Risiken wie die Kündigung von Schlüsselpersonen, geringe Motivation der Belegschaft oder Bedienungsfehler sind hier zu nennen.

Um sich den internen und externen Krisenverursachern zuzuwenden, lohnt sich ein Blick auf das Risk-Barometer von der Allianz aus dem Jahr 2020. Diesem lassen sich die 10 wichtigsten Geschäftsrisiken für Unternehmen in Deutschland entnehmen (s. Tab. 2.1).

Neuere Untersuchungen der Allianz haben gezeigt, dass „Ausbruch einer Pandemie" als weiteres Top-Risiko dazugekommen ist und dass „Naturkatastrophen" an Bedeutung zugenommen haben.

Veränderungen im Unternehmensumfeld, sei es extern oder intern, erfordern eine zeitnahe Anpassung. Leider lässt sich feststellen, dass Organisationen sich häufig eher langsam an neue Gegebenheiten anpassen und dass die Anpassungen häufig mit Widerstand (Restraining Forces) verbunden sind. Mit diesem Phänomen befasst sich das Change-Management, also dem Prozess, mit dem Veränderungen in einer Organisation durchgesetzt werden können.

Konzentriert man sich auf den Krisenverursacher „falsche oder fehlende Entscheidungen", nimmt man schnell die Ansicht an, dass diesem Problem eine übergeordnete Rolle zukommt. So sind falsche oder fehlende Entscheidungen bei weiter Betrachtung für alle Unternehmenskrisen

2 Die Unternehmenskrise

Tab. 2.1 Die 10 wichtigsten Geschäftsrisiken in Deutschland

Rang	Risiko
1	Betriebsunterbrechung (inkl. Lieferkettenunterbrechung)
2	Cyber-Vorfälle (z. B. Cyberkriminalität, IT-Ausfall, Datenschutzverletzungen, Geldbußen und Strafen)
3	Rechtliche Veränderungen (z. B. Handelskriege und Zölle, Wirtschaftssanktionen, Protektionismus, Brexit, Zerfall der Euro-Zone).
4	Feuer, Explosion
5	Marktentwicklungen (z. B. Volatilität, verstärkter Wettbewerb/neue Wettbewerber, M&A, stagnierende Märkte, Marktschwankungen
6	Naturkatastrophen (z. B. Sturm, Überschwemmung, Erdbeben)
7	Neue Technologien (z. B. Auswirkungen der Vernetzung von Maschinen, Nanotechnologie, künstliche Intelligenz, 3D-Druck, autonome Fahrzeuge, Blockchain)
8	Produktrückruf, Qualitätsmangel, Serienfehler
9	Reputationsverlust oder Beeinträchtigung des Markenwerts
10	Makroökonomische Entwicklungen (z. B. Sparprogramme, Anstieg der Rohstoffpreise, Deflation, Inflation)

Quelle: Allianz Risk Barometer 2020

mindestens mitverantwortlich. Hauschildt et al. (2005) argumentieren sogar, dass auch bei externen Krisenursachen die Gefährdung des Unternehmens durch die „Fehlreaktion des Managements" zu verantworten ist: „Krisenursachen sind unzureichende Anpassungsleistungen des Managements an externe Gegebenheiten, nicht aber diese Ereignisse selbst".

Diese unzureichende Anpassungsleistung durch beispielsweise fehlende Entscheidungen resultiert meist daraus, dass der langfristige Plan des Unternehmens nicht ausreichend verfolgt wurde („Es läuft doch alles gut") oder sich das Management zu stark auf die operativen Tätigkeiten konzentriert und damit nicht erkennt, dass eine Entscheidung notwendig ist. Die fehlende strategische Ausrichtung sorgt damit für höhere Wahrscheinlichkeiten negativer Auswirkungen externer und interner Gefahren. Die Krisenfrüherkennung konzentriert sich insbesondere auf diese fehlenden Entscheidungen. Ist dem Management nicht bewusst, dass eine Krise bevorsteht, so kann auch keine Entscheidung über adäquate Gegenmaßnahmen getroffen werden.

Dass es sich um eine falsche Entscheidung gehandelt hat, lässt sich erst im Nachhinein, wenn man das Endresultat der Entscheidung sieht, charakterisieren. Da uns der Blick in die Zukunft aber verwehrt ist, kann sich der Entscheider nie sicher sein, welche Entscheidung die richtige ist. Die Entscheidungstheorie konzentriert sich daher bei der Beurteilung einer Entscheidung nicht auf das Endresultat, sondern immer auf die Qualität der Entscheidung an sich. Eine Entscheidung ist dann von guter Qualität, wenn diese wohl durchdacht und auf angemessenen Informationen basiert.

Die Entscheidungstheorie ist ein wichtiges Instrument, denn der zukünftige Erfolg eines Unternehmens wird immer durch Entscheidungen bestimmt. Entscheidungen können sogar als originäre Grundaufgabe der Geschäftsführung verstanden werden. Der Geschäftsführer von Amazon, Jeff Bezos, hat es trefflich formuliert „Als Geschäftsführer wird man dafür bezahlt, dass man eine kleine Anzahl von guten Entscheidungen trifft. Drei gute Entscheidungen am Tag sind genug." Auch der Politiker Claus Henninger wird in diesem Zusammenhang gerne zitiert mit den Worten „Das Teuerste im Unternehmen, sind Leute, die falsche Entscheidungen treffen".

Das erste Grundproblem von Entscheidungen ist die bereits angesprochene unsichere Zukunft; man weiß nicht, wie sich die Lage entwickeln wird und welche Entscheidung die Richtige ist. Die Rolle des Zufalls (Glück und Pech) sind dabei viel bestimmender in unserem Leben als wir denken (vgl. Taleb 2013). Hier setzt die Wahrscheinlichkeitstheorie an und kann die ungewisse Zukunft berechenbar machen. Das zweite Grundproblem von Entscheidungen im unternehmerischen Kontext ist der Ort, in dem diese getroffen werden: das menschliche Gehirn. Die Wirtschaftspsychologie hat in den letzten Jahrzehnten eindrucksvoll gezeigt, dass der Homo Sapiens bei Entscheidungen systematische Abweichungen vom Idealbild, dem Homo Oeconomicus hat. Der Gesetzgeber hat es daher als nötig erachtet, mit der Business Judgement Rule vorzuschreiben, dass Entscheidungen gewissen Anforderungen genügen müssen (vgl. Abschn. 2.3).

Eine vielzitierte Studie im Zusammenhang mit Unternehmenskrisen und deren Ursachen ist die von Hauschildt, Grape und Schindler aus dem Jahr 2005. Diese Studie analysiert 53 Unternehmenskrisen im Zeitraum 1992 bis 2001 und identifiziert die folgenden Schwerpunkte als die häufigsten Krisenverursacher. In Prozent wird dabei die Häufigkeit der zutreffenden einzelnen Merkmale als Krisenverursacher angegeben (s. Tab. 2.2).

Tab. 2.2 Krisenursachen nach Hauschildt et al. (2005)

Kategorie		Häufigkeit
Personengeprägte Krisenursachen	Führungsmängel wie beispielsweise charakterliche Mängel und interpersonelle Konflikte. Darunter fallen auch Uneinigkeiten in der Geschäftsführung, zu enge Verbindungen im Top-Management sowie Rivalität, Neid und fehlende Kontrollen durch den Aufsichtsrat.	27,5 %
	Unerfahrenheit bzw. Unfähigkeit des Top-Managements.	5 %
Institutionelle Krisenursachen	Fehler bei der Expansion und Diversifikation.	9,9 %
	Ungeeignete Organisationsstrukturen und mangelnde Flexibilität und eine fehlende Unternehmenskultur.	6,9 %
	Schwächen in der Personalplanung und -entwicklung.	5,7 %
Operative Krisenursachen	Mängel im Absatzbereich: Hierzu gehören die Produkt-, Preis-, Qualitäts- und Vertriebspolitik, vor allem suboptimale oder zu einseitige Distribution.	12,2 %
	Fehlinvestitionen, einschließlich zu geringer Forschungs- und Entwicklungstätigkeit.	3,9 %
	Ineffiziente Leistungserstellung und übermäßige Lagerhaltung	3,9 %
Weitere Krisenursachen	Marktbedingungen: erhöhter Preisdruck und ruinöser Wettbewerb durch verstärkte Konkurrenz sowie zunehmende Konzentrationsprozesse.	4,1 %
	Marktentwicklung: Konjunkturelle Ursachen und der Wegfall von Märkten durch Sättigung oder Zusammenbruch.	3,3 %

Quelle: Hauschildt et al. 2005

2.2 Verlauf der Unternehmenskrise

Bei vielen Krisen wird im Nachhinein festgestellt, dass diese hätten frühzeitig erkannt werden können. Es kann dann auch festgestellt werden, dass der Krisenverlauf aufgrund einer „fehlenden oder mangelhaften" Krisenfrüherkennung nicht durch präventive Maßnahmen gestoppt wurde und die Krise so auch nicht abgewendet werden konnte (vgl. Töpfer 1999). Jede Krise ist an sich einzigartig, doch es lassen sich gemeinsame

Muster finden. So lassen sich Unternehmenskrisen beispielsweise grob in zwei Kategorien unterscheiden: „Abrupte Krisen" und „schleichende Krisen", wobei die letztgenannten in verschiedenen Phasen verlaufen und daher früh erkennbar sind.

Unter den abrupten Krisen werden solche verstanden, bei denen unvorhergesehene Ereignisse zu einem überraschenden Kriseneintritt führen. Dabei kann auch das nicht erwartete gemeinsame Eintreten von mehreren Ereignissen der Verursacher sein. Solche einschneidenden Ereignisse, welche ein Unternehmen überraschend treffen und nicht vorhersehbar waren, werden als schwarze Schwäne bezeichnet werden.

Schwarze Schwäne
Schwarze Schwäne sind solche Ereignisse, die außerhalb unserer Vorstellungskraft liegen. Der Begriff ist eine Analogie zu den tatsächlichen schwarzen Schwänen, welche bis zum 18. Jahrhundert und der Entdeckung von Australien nicht gesichtet wurden. Bis dahin dachte man daher, dass alle Schwäne weiß sein müssen. Mit der ersten Sichtung wurden damit die alten Ansichten über die Farbe von Schwänen unmittelbar zerstört. Im Nachhinein konnten Ornithologen diese dann analysieren und die schwarze Farbe erklären: der hohe Melaningehalt schützt die Flugfedern vor Abnutzung.

Im Risiko-Kontext ist damit gemeint, dass wir uns manche Ereignisse nicht vorstellen können, da wir solche in der Vergangenheit nicht erlebt haben. Wenn sie jedoch eintreten, dann führen diese zu extremen Veränderungen (bezogen auf Gefahren: eine außerordentliche Zerstörungskraft) und wir können diese im Nachhinein erklären. In seinem Buch „Der Schwarze Schwan – die Macht höchst unwahrscheinlicher Ereignisse" erläutert der Autor Nassim Taleb ausführlich, dass diese einen bedeutenden Einfluss auf unseren Erfolg, sei es beruflich oder privat haben können.

Schwarze Schwäne resultieren häufig aus Low-Probability-High-Impact-Risiken (Geringe Wahrscheinlichkeit, hohe Auswirkung). Diese treten nur äußerst selten auf und wurden bisher vielleicht nie beobachtet. Daher kommt dann der falsche Glaube, dass diese nicht eintreten können. So ist das Chile-Erdbeben im Jahr 1960 mit einer Magnitude von 9,5 auf der Richterskala das stärkste jemals beobachtete Erdbeben (zum Vergleich hatte das Tohoku-Erdbeben, welches zum Fukushima Reaktorunglück führte, den Wert 9,1). Beim Bau eines Staudamms oder eines Atomkraftwerkes muss man sich daher die Frage stellen, welche Stärke das Bauwerk aushalten können muss. Soll man sich an den 9,5 orientieren? Ein Wert von über 10 wurde bisher nicht registriert, doch bedeutet das, dass diese Stärke nicht möglich ist?

2 Die Unternehmenskrise

Im unternehmerischen Kontext sind manche Ereignisse ebenfalls nicht vorstellbar und daher wird diesen kaum Beachtung geschenkt. Beispielsweise ein plötzliches Steigen der Fremdkapital-Zinsen um 5 Prozentpunkte oder ein Absturz des eigenen Aktienkurses um 30 % oder ein Rückgang des Umsatzes nach einem Reputationsschaden um 50 %.

Es ist möglich, darüber zu diskutieren, wann eine Krise wirklich nicht vorhersehbar war. So ist es fraglich, ob ein nicht versicherter Großbrand tatsächlich als eine abrupte Krise aufgrund der Unvorhersehbarkeit zu kennzeichnen ist. In vielen Fällen können nämlich Überraschungseffekte eher auf ein fehlerhaftes Managen von Risiken zurückgeführt werden.

Eine Diskussion darüber, was genau die Eigenschaften von abrupten Krisen ist oder inwiefern fehlendes Risikomanagement für abrupte Krisen verantwortlich ist, würde das Ziel dieses Buches verfehlen. Es ist eher zielführend, sich dem Paradigma der Betriebswirtschaftslehre anzupassen und sich darauf zu konzentrieren, dass viele Krisen schleichend verlaufen und daher frühzeitig erkennbar sind. Diese schleichenden Krisen verlaufen typischerweise in mehreren Phasen.

Eine grobe Charakterisierung des Krisenverlaufs in 4 Stadien ist in Abb. 2.1 zu sehen. Die Krise startet mit der Krisenursache, welche den weiteren Verlauf anstößt. Am Anfang ist die Krise latent und ist auch der Geschäftsführung meist nicht bekannt. Diese latente Phase ist der Ansatzpunkt der Krisenfrüherkennung und im Fokus von KonTraG und StaRUG. Denn obwohl diese latente Krise langsam eskaliert, wird diese häufig übersehen. Es werden daher keine Gegenmaßnahmen eingeleitet und die Angelegenheit, die sich negativ auf das Unternehmen auswirkt, geht so in die manifeste Krise über, welche für alle Stakeholder ersichtlich ist. Die dabei verursachten Schäden sind weitreichend für das Unternehmen und enden in vielen Fällen schlussendlich in der letzten Phase, der Insolvenz.

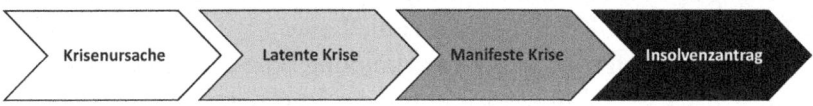

Abb. 2.1 Typischer Krisenverlauf

Eine detailliertere Charakterisierung des Krisenverlaufs in 6 Phasen stammt vom DIW (Institut der Wirtschaftsprüfer in Deutschland). Demnach verläuft eine Krise häufig nach den folgenden aneinander anschließenden sechs Stadien:

1. **Stakeholderkrise**: Es existieren Schwächen in der Geschäftsführung (z. B. Meinungsverschiedenheiten). Es werden falsche Entscheidungen getroffen oder Entscheidungen unterlassen. Interne oder externe Ursachen benötigen jedoch den Fokus und Entscheidungen zur strategischen Ausrichtung des Unternehmens.
2. **Strategiekrise**: Die strategische Ausrichtung des Unternehmens ist nicht optimal; die Wahrscheinlichkeiten für Probleme haben sich deutlich erhöht. Das Unternehmen benutzt Konzepte, die nicht mehr zeitgemäß sind. Meist sind hier schon sinkende Marktanteile erkennbar.
3. **Produkt- und Absatzkrise**: Das Produkt- oder die Dienstleistung wird vom Markt deutlich weniger nachgefragt, gegebenenfalls gehen Kunden zu den Wettbewerbern über. Daraufhin gehen die Absatzzahlen zurück und die Unternehmenskennzahlen (Umsatz, Gewinn, etc.) verschlechtern sich.
4. **Erfolgskrise**: Die sinkenden Umsatzzahlen manifestieren sich unübersehbar in der Gewinn- und Verlustrechnung. Gegebenenfalls weist diese sogar am Jahresende einen Verlust auf und führt zu einer Verringerung des Eigenkapitals. Es kann zu einer Verletzung der Covenants der Bank kommen und zusätzlich verschlechtern sich die Liquiditätskennzahlen des Unternehmens.
5. **Liquiditätskrise**: Eine baldige Zahlungsunfähigkeit bahnt sich an. Ein Teil der Geschäftsführungsenergie befasst sich der Beschaffung von Liquidität. Die Lieferantenkredite werden großzügig in Anspruch genommen, Preisnachlässe durch Skonto werden daher nicht ausgenutzt. Die Kreditlinien der Bank werden zu hohen Zinsen überzogen. Es kann zum Verkauf von Aktiva kommen, die Lieferanten verlangen Vorkasse und im schlimmsten Fall kündigt die Bank nach § 490 BGB den Kredit oder kürzt die Linie.
6. **Insolvenz**: Aufgrund von Überschuldung oder Zahlungsunfähigkeit muss nach § 15 Insolvenzordnung der Insolvenzantrag gestellt werden. Wird dieser zu spät erstellt, können sich strafrechtliche und auch

2 Die Unternehmenskrise

zivilrechtliche Konsequenzen ergeben, wobei die zivilrechtlichen Konsequenzen für die (ehemalige) Geschäftsführung gravierendere Folgen durch die in diesem Fall mögliche Privathaftung haben kann.

Dieser typische Verlauf und die entsprechenden Auswirkungen auf den Umsatz, den Gewinn und die Liquidität sind beispielhaft in Abb. 2.2 dargestellt.

Insbesondere in den ersten beiden Stadien, der Stakeholderkrise und der Strategiekrise, werden die Warnsignale von der Geschäftsführung und auch von nahezu allen anderen Stakeholdern übersehen. Diese beiden Phasen sind als latente Phasen anzusehen; die Krise ist noch nicht erkannt worden, auch wenn dies möglich wäre. Dabei wären die Gegenmaßnahmen hier noch recht einfach; in fortgeschrittenen Stadien werden die einzuleitenden Maßnahmen zunehmend schwieriger, mit zunehmend stärkeren Folgen für das Unternehmen (Verkauf von Aktiva, Entlassung von Mitarbeitern, Erhöhung des Eigenkapitals durch Privateinlagen der Gesellschafter, etc.).

Die Produkt-Absatzkrise und die Erfolgskrise bringen deutliche Warnsignale mit sich, die sich in den Unternehmenskennzahlen manifestieren (vgl. Abschn. 3.2). Selbst in dieser Phase werden die Probleme aber häufig als normale Schwankungen abgetan („das wird schon wieder"), ignoriert oder

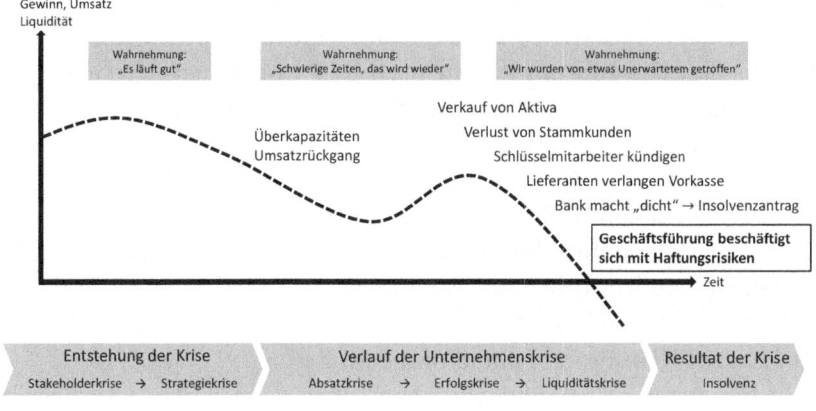

Abb. 2.2 Beispielhafter Krisenverlauf

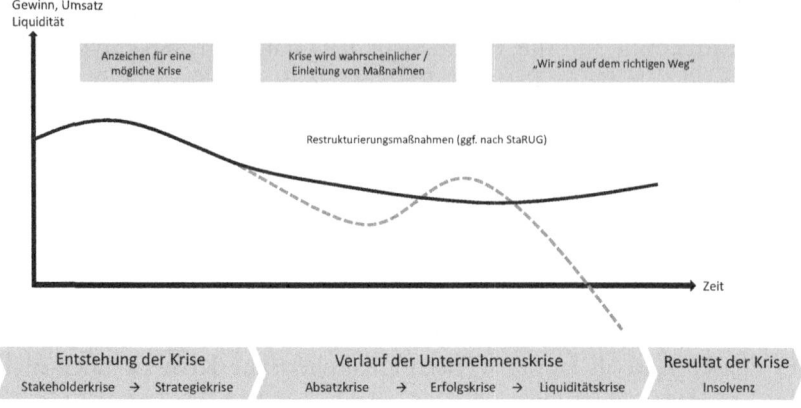

Abb. 2.3 Beispielhafter Krisenverlauf mit erfolgreichen Gegenmaßnahmen

nicht erkannt. Diese beiden Phasen sind daher entweder latent oder manifest. Auch in diesen beiden Phasen wäre es noch möglich, Maßnahmen mit einer hinreichend hohen Wahrscheinlichkeit zur Krisenbewältigung einzuführen, um einen Verlauf wie in Abb. 2.3 dargestellt zu ermöglichen. Hierbei sei angemerkt, dass die das Fremdkapital finanzierende Bank die Veränderungen typischerweise bereits über die Quartalszahlen bemerkt. Das führt zu einer Verschlechterung des bankinternen Ratings über das Unternehmen und ggf. zu Reaktionen der Bank, welche als deutliche Krisensignale zu werten sind (Anpassung des Zinssatzes, Kündigung oder Kürzung der Linie, stärkere Überwachung, etc.).

In der Liquiditätskrise können die Probleme nicht mehr ignoriert werden; die Geschäftsführung könnte nach § 18 InsO bereits jetzt einen Insolvenzantrag mit dem Grund „Drohende Zahlungsunfähigkeit" stellen. Diese Phase ist aber häufig dadurch gekennzeichnet, dass die Geschäftsführung glaubt das „Ruder" noch einmal rumreißen zu können und sich die Probleme schon bald auflösen würden.

Das letzte Stadium „Insolvenz" ist für die Personen der Geschäftsführung besonders belastend; so plagen sich diese im Anschluss mit Haftungsrisiken und es folgen möglicherweise langjährige Gerichtsprozesse zur Klärung der Schuld und der Haftung.

In Bezug auf Entscheidungen, kann gesagt werden, dass vor allem in den ersten Krisenstadien das Problem der „fehlenden Entscheidungen", zur Neuausrichtung der Strategie und zur Lösung interner Probleme vorliegt (vgl. § 1 (2) StaRUG „Gegenmaßnahmen"). In den darauffolgenden Phasen werden häufig falsche Entscheidungen getroffen, da die Maßnahmen nicht wohl überlegt (Panik-Maßnahme) oder nicht stark genug sind, um den Problemen zu begegnen. Die für die Geschäftsführung wohl fatalste falsche Entscheidung, mit weitreichenden Konsequenzen ist die, den Insolvenzantrag nicht rechtzeitig zu stellen.

2.3 Gesetzliche Anforderungen

Es existieren diverse Gesetzestexte und Standards, die auf die Krisenfrüherkennung oder auf Risikomanagement allgemein eingehen und deren entsprechende Umsetzung im Unternehmen fordern. In diesem Buch werden vor allem die Forderungen von KonTraG (Gesetzes zur Kontrolle und Transparenz im Unternehmensbereich) und StaRUG (Gesetz über den Stabilisierungs- und Restrukturierungsrahmen für Unternehmen) fokussiert.

KonTraG ist ein Artikelgesetz, welches im Jahr 1998 vom deutschen Bundestag beschlossen wurde. Dafür wurden zahlreiche Änderungen vor allem im HGB und im AktG durchgeführt. Anlass waren die vielen Unternehmenskrisen, die den Gesetzgeber dazu veranlassten einzuschreiten. Insbesondere ist hier der Paragraf 91 AktG Absatz 2 hervorzuheben:

AktG § 91 „Organisation. Buchführung" (Ausschnitt)
(2) Der Vorstand hat geeignete Maßnahmen zu treffen, insbesondere ein Überwachungssystem einzurichten, damit den Fortbestand der Gesellschaft gefährdende Entwicklungen früh erkannt werden.

Die Änderungen im AktG gelten jedoch nicht nur für Aktiengesellschaften; auch für andere Gesellschaftsformen (insbesondere die GmbH) soll dieses Gesetz „Ausstrahlwirkung" haben. Schon in der Begründung zu KonTraG wird durch die Gesetzgebung erwähnt, dass *„für Gesellschaften mit beschränkter Haftung je nach ihrer Größe, Komplexität, ihrer Struktur usw. nichts anderes gilt"* und dass daher eine *„Ausstrahlungswirkung* *auf den Pflichtenrahmen der Geschäftsführer auch anderer Gesellschaftsformen"* zu erwarten sei. Diese Erwartung kann mit § 43 Abs. 1 GmbHG gekoppelt werden, da man davon ausgehen kann, dass die Errichtung einer Krisenfrüherkennung, bzw. eines Überwachungssystems zu den Aufgaben einer ordentlichen Geschäftsführung gehört.

GmbHG § 43 „Haftung der Geschäftsführer" (Ausschnitt)
(1) Die Geschäftsführer haben in den Angelegenheiten der Gesellschaft die Sorgfalt eines ordentlichen Geschäftsmannes anzuwenden.
(2) Geschäftsführer, welche ihre Obliegenheiten verletzen, haften der Gesellschaft solidarisch für den entstandenen Schaden.

Durch den § 43 Abs. 2 wird auch direkt deutlich gemacht, dass eine Pflichtverletzung eine Privathaftung der Geschäftsführung bedeuten kann. Das entsprechende Pendant für Aktiengesellschaften ist ebenfalls die Sorgfaltspflicht, welche im § 93 AktG (2) verankert ist:

AktG § 93 „Sorgfaltspflicht und Verantwortlichkeit der Vorstandsmitglieder" (Ausschnitt)
(1) Die Vorstandsmitglieder haben bei ihrer Geschäftsführung die Sorgfalt eines ordentlichen und gewissenhaften Geschäftsleiters anzuwenden. Eine Pflichtverletzung liegt nicht vor, wenn das Vorstandsmitglied bei einer unternehmerischen Entscheidung vernünftigerweise annehmen durfte, auf der Grundlage angemessener Information zum Wohle der Gesellschaft zu handeln. (…)
(2) Vorstandsmitglieder, die ihre Pflichten verletzen, sind der Gesellschaft zum Ersatz des daraus entstehenden Schadens als Gesamtschuldner verpflichtet. Ist streitig, ob sie die Sorgfalt eines ordentlichen und gewissenhaften Geschäftsleiters angewandt haben, so trifft sie die Beweislast. (…)
(…)
(6) Die Ansprüche aus diesen Vorschriften verjähren bei Gesellschaften, die zum Zeitpunkt der Pflichtverletzung börsennotiert sind, in zehn Jahren, bei anderen Gesellschaften in fünf Jahren.

Der Paragraf 93 ist dabei weitreichender und präzisiert auch, wie Entscheidungen vom Vorstand zu treffen sind. Der zweite Satz im Absatz 1 („*Eine Pflichtverletzung liegt nicht vor, wenn das Vorstandsmitglied bei einer unternehmerischen Entscheidung vernünftigerweise annehmen durfte, auf der Grundlage angemessener Information zum Wohle der Gesellschaft zu handeln*") zielt explizit auf die Anforderungen an unternehmerische Entscheidungen ab und ist auch als „Business Judgement Rule" bekannt.

Business Judgement Rule
Die Business Judgement Rule soll verdeutlichen, dass die Geschäftsführung nicht für das Ergebnis einer Entscheidung verantwortlich ist, da der Zufall (Pech oder Glück) ein wesentliches Element der Zukunft ist. Gleichwohl wird aber gefordert, dass bei der Entscheidungsvorbereitung die Sorgfaltspflicht beachtet wird und Entscheidungen auf angemessenen Informationen beruhen und zum Wohle der Gesellschaft getroffen werden. Der Entscheidungsprozess muss sich daher an geeigneten betriebswirtschaftlichen Methoden der Entscheidungslehre orientieren (Gleißner 2021). Der Begriff „angemessene Informationen" ist von besonderer Bedeutung: so sind es insbesondere Risikoinformationen, die in die Entscheidungsvorbereitung einfließen müssen (vgl. DIIR Nr. 2).

Der Absatz 6 des § 93 AktG präzisiert weiter, dass auch nach zehn (bzw. fünf) Jahren die Beweislast der Entscheidungs-Qualität bei der (damaligen) Geschäftsführung liegt und daher noch nachweisbar sein muss, wie eine Entscheidung zustande kam. Es empfiehlt sich daher, im Vorfeld der Entscheidung eine Entscheidungsvorlage anfertigen zu lassen (beispielsweise durch das Controlling) und diese Dokumentation aus reinem Selbstschutz der Geschäftsführung sorgfältig zu archivieren.

Die Forderungen des KonTraG werden – Stand heute – hauptsächlich von Aktiengesellschaften und großen GmbHs umgesetzt; diese Unternehmen sind seit mindestens 1998 dazu gezwungen, sich strukturiert mit der Erkennung von Unternehmenskrisen auseinanderzusetzen und in dem Sinn auch rechtzeitig auf solche reagieren zu können.[1] Als äußerst beachtenswert sind dabei empirische Studien hervorzuheben, die zeigen, dass ein Großteil der deutschen Unternehmen die gesetzlichen Anforderungen aus den §§ 91 und 93 AktG nicht erfüllen, das wohlgemerkt,

---

[1] Zur tatsächlichen Kritik an der tatsächlichen Umsetzung siehe beispielsweise Gleißner 2020.

obwohl die Abschlussprüfer bei den besagten Unternehmen keine „schwerwiegenden Mängel" feststellen konnten (vgl. Gleißner und Romeike 2022).

Die „alte" Interpretation, dass die Krisenfrüherkennungspflicht nur auf große Unternehmen zutrifft, hat der Gesetzgeber als Problem angesehen; vielen kleinen und mittelständischen Unternehmen war es nicht bewusst, dass diese Forderungen – ggf. in einem anderen Ausmaß – auch für sie gelten. In der Europäischen Union machen kleine und mittelständische Unternehmen 99 % aller Unternehmen aus (EU-Richtlinie 2019/1023, S. 21). Diese haben zum allergrößten Teil keine wirksamen Krisenfrüherkennungsmaßnahmen implementiert, was vor allem deshalb tragisch ist, da sie im Rahmen einer Insolvenz eher liquidiert als restrukturiert werden (ebd., S. 21). Häufig wird „mangels Masse" nicht einmal ein ordentliches Insolvenzverfahren eröffnet. Auch die EU sah darin ein Problem, denn liquidierte Unternehmen stellen zudem Probleme für das reibungslose Funktionieren der Wertschöpfungs- und Lieferketten im europäischen Markt dar; wenn Zulieferer oder Abnehmer (erneut: häufig kleine und mittelständische Unternehmen) verschwinden gibt es Zweitrundeneffekte, welche zu weiteren Störungen führen und die EU-Wettbewerbsfähigkeit verschlechtern. Aus diesem Grund wurde von der EU die Richtlinie 2019/1023 erlassen, welche Betrieben in Schwierigkeiten eine „zweite Chance" geben möchte, ihren Betrieb fortzusetzen. Die deutsche Gesetzgebung hat daraufhin zum 01.01.2021 die Forderungen für alle Kapitalgesellschaften mit § 1 StaRUG weiter spezifiziert und damit die EU-Richtlinie in deutsches Recht umgewandelt:

StaRUG § 1 „Krisenfrüherkennung und Krisenmanagement bei haftungsbeschränkten Unternehmensträgern" (Ausschnitt)
(1) Die Mitglieder des zur Geschäftsführung berufenen Organs einer juristischen Person (Geschäftsleiter) wachen fortlaufend über Entwicklungen, welche den Fortbestand der juristischen Person gefährden können.

Erkennen sie solche Entwicklungen, ergreifen sie geeignete Gegenmaßnahmen und erstatten den zur Überwachung der Geschäftsleitung berufenen Organen (Überwachungsorganen) unverzüglich Bericht. (…)

Es ist lediglich der Paragraf 1 von StaRUG, der sich mit der Krisenfrüherkennung beschäftigt. Die restlichen Paragrafen ermöglichen solchen Unternehmen, die frühzeitig und vorausschauend eine absehbare Not identifizieren, neue Möglichkeiten der Restrukturierung, mit dem Ziel eine Insolvenz abzuwenden. Die Abwendung der Insolvenz und der damit (insbesondere für kleine und mittelständische Unternehmen hohen) Wahrscheinlichkeit einer Liquidation soll dabei den Verlust von Arbeitsplätzen und den Verlust von Know-how verhindern, mit gleichzeitiger Besserstellung der Gläubiger (EU-Richtlinie 2019/1023, S. 18). StaRUG ermöglicht daher eine vorinsolvenzliche Restrukturierung in Eigenregie (sprich: ohne Insolvenzverwalter). Darüber hinaus ermöglicht dieses Vorgehen einen Ausschluss der Öffentlichkeit und dem damit verbundenen Reputationsverlust durch das Stigma der Insolvenz. Diese vorinsolvenzliche Restrukturierung – das eigentliche Kernstück von StaRUG – ist jedoch nicht Fokus dieses Buches, sondern lediglich die Forderung des § 1 StaRUG; die Krisenfrüherkennung, welche notwendig ist, um eine aufziehende Krise rechtzeitig zu erkennen und damit die Insolvenz abzuwenden. Denn: diese „heimliche" Restrukturierung kann nur dann erfolgen, wenn die Unternehmenskrise früh erkannt wurde.

Der Paragraf 1 besteht aus zwei Forderungen. Der erste Satz konzentriert sich auf die Krisenfrüherkennung und der zweite Satz auf die konkreten Gegenmaßnahmen (Krisenmanagement bzw. Risikosteuerung). Im Rahmen des Krisenmanagements und der Risikosteuerung müssen zwangsläufig Entscheidungen getroffen werden, welche – das sei hier erneut hervorgehoben – auf angemessenen Informationen beruhen und zum Wohle der Gesellschaft getroffen werden müssen (vgl. Business Judgement Rule).

Bei beiden Forderungen, KonTraG und StaRUG wurde jedoch offengelassen, wie Unternehmen diese Krisenfrüherkennung konkret implementieren können bzw. müssen. Es findet sich lediglich in den Regierungsentwürfen, bzw. den Begründungen vereinzelt Hinweise dazu. So wird geschrieben, dass es sich um ein „angemessenes Risikomanagement" (Begründung KonTraG) handeln muss und dass die „konkrete Ausformung und Reichweite dieser Pflicht von der Größe, Branche, Struktur und auch der Rechtsform des jeweiligen Unternehmens abhängig" ist. Der genaue Wortlaut in der Gesetzesvorlage zu § 1 StaRUG ist wie folgt:

Rechtstext
Absatz 1 statuiert Pflichten der Mitglieder des zur Geschäftsführung berufenen Organs einer juristischen Person. (…)

Absatz 1 Satz 1 verpflichtet die Geschäftsleiter zur Überwachung von Entwicklungen, die zur Bestandsgefährdung des Unternehmens führen können.

Die konkrete Ausformung und Reichweite dieser Pflicht ist von der Größe, Branche, Struktur und auch der Rechtsform des jeweiligen Unternehmens abhängig (vgl. BT-Drucksache 13/9712, S. 15[2]). Mit der Statuierung einer allgemeinen, rechtsformübergreifenden Pflicht zur Risikoüberwachung verkennt der Entwurf daher nicht, dass es sich namentlich bei kleineren Unternehmen verbietet, übermäßige Organisationspflichten zu statuieren. Der Entwurf lässt sich dabei von der Erkenntnis leiten, dass die überschaubaren Verhältnisse bei kleinen Unternehmen es erlauben, den Risikoüberwachungsgeboten auch ohne größere organisatorische Vorkehrungen, die kleinere Unternehmen möglicherweise überfordern, gerecht zu werden. In jedem Fall aber sollen die Geschäftsleiter gehalten sein, die Verhältnisse des Unternehmensträgers und die Entwicklungen, die für die Tätigkeit des Unternehmensträgers relevant sind, laufend daraufhin zu beobachten und zu überprüfen, ob sie das Potenzial haben, bei ungehindertem Fortgang den Fortbestand des Unternehmens zu gefährden.

Absatz 1 Satz 2 legt den Geschäftsleiter darüber hinaus die Pflicht zur Ergreifung von geeigneten Gegenmaßnahmen auf. Hinsichtlich der Auswahl der zu treffenden Gegenmaßnahmen und deren Durchführung steht den Geschäftsleiter der Beurteilungsspielraum zu, der ihnen nach Maßgabe der spezialgesetzlichen Regelungen für Maßnahmen der Geschäftsführung zuzubilligen ist. (…)

Der genaue Wortlaut in der Gesetzesvorlage zu KonTraG ist wie folgt:

---

[2] Die BT-Drucksache 13/9712 ist der Gesetzentwurf mitsamt den Begründungen der Bundesregierung zum KonTraG.

Rechtstext

Die Verpflichtung des Vorstands, für ein angemessenes Risikomanagement und für eine angemessene interne Revision zu sorgen, soll verdeutlicht werden. Es handelt sich um eine gesetzliche Hervorhebung der allgemeinen Leitungsaufgabe des Vorstands gemäß § 76 AktG, zu der auch die Organisation gehört. Die Verletzung dieser Organisationspflicht kann zur Schadensersatzpflicht führen (§ 93 Abs. 2 AktG). Die konkrete Ausformung der Pflicht ist von der Größe, Branche, Struktur, dem Kapitalmarktzugang usw. des jeweiligen Unternehmens abhängig. Dies bedarf keiner ausdrücklichen Erwähnung im Gesetz. Zu den Entwicklungen, die den Fortbestand der Gesellschaft gefährdenden, gehören insbesondere risikobehaftete Geschäfte, Unrichtigkeiten der Rechnungslegung und Verstöße gegen gesetzliche Vorschriften, die sich auf die Vermögens-, Finanz- und Ertragslage der Gesellschaft oder des Konzerns wesentlich auswirken.

Die Maßnahmen interner Überwachung sollen so eingerichtet sein, dass solche Entwicklungen frühzeitig, also zu einem Zeitpunkt, erkannt werden, in dem noch geeignete Maßnahmen zur Sicherung des Fortbestandes der Gesellschaft ergriffen werden können. (…)

Diese gesetzliche Verdeutlichung des Pflichtenrahmens des Vorstands dient zugleich als Grundlage für die korrespondierende Erweiterung der Prüfung (…) Dabei hat der Abschlussprüfer (…) auch zu beurteilen, ob das vom Vorstand einzurichtende Überwachungssystem seine Aufgabe erfüllen kann. Die Verpflichtung des Vorstandes zur Einrichtung eines Überwachungssystems wird in § 91 Abs. 2 AktG nunmehr klarstellend erwähnt.

In das GmbHG soll keine entsprechende Regelung aufgenommen werden. Es ist davon auszugehen, dass für Gesellschaften mit beschränkter Haftung je nach ihrer Größe, Komplexität ihrer Struktur usw. nichts anderes gilt und die Neuregelung eine Ausstrahlungswirkung auf den Pflichtenrahmen der Geschäftsführer auch anderer Gesellschaftsformen hat.

Diese Erläuterungen verweisen auch auf die Pflicht der Jahresabschlussprüfer, zu überprüfen, ob die Risiken richtig dargestellt werden. Zur Prüfung lassen sich Wirtschaftsprüfer weitestgehend von dem Prüfungsstandard IDW PS 340 „Die Prüfung des Risikofrüherkennungssystems" des Deutschen Instituts der Wirtschaftsprüfer leiten. Der IDW PS 340 wird darüber hinaus auch von vielen Praktikern genutzt, um die Wirksamkeit des Überwachungssystems bzw. der Krisenfrüherkennung und des Risikomanagements zu prüfen bzw. fachgerecht zu implementieren. Daneben existieren weiter Standards, wie beispielsweise vom Deutschen Institut für interne Revision, der DIIR Revisionsstandard Nr. 2 „Prüfung des Risikomanagementsystems durch die Interne Revision". Auf diese Standards im Detail einzugehen, würde den Rahmen dieses Buches sprengen. Es sei jedoch angemerkt, dass die Literatur die KonTraG-Forderung so interpretiert, dass ein ganzheitliches Risikomanagement, inklusive Risikoaggregation implementiert werden muss (vgl. Abschn. 3.7). Für das neuere StaRUG wird in der Literatur zudem gefordert, dass die Interpretationen zum KonTraG analog für § 1 StaRUG gelten müssten und demnach alle Kapitalgesellschaften ein ganzheitliches Risikomanagement inklusive Risikoaggregation benötigen (vgl. Gleißner et al. 2021).

Die gesetzlichen Forderungen haben das Ziel, Krisen zu verhindern. Tritt eine Krise aber ein, so lässt sich in der Praxis erkennen, dass viele Unternehmen aus Scham, Angst oder aus Hoffnung auf Besserung den Insolvenzantrag zu spät beim Amtsgericht stellen. Diese müssen sich anschließend ggf. mit dem Tatbestand der Insolvenzverschleppung auseinandersetzen. Dabei ist vielen nicht bewusst, dass sich mit der neuen Insolvenzordnung (1999) der typische Ablauf einer Insolvenz verändert hat. War damals, vor der Modernisierung der Insolvenzordnung, eine Insolvenz sehr häufig mit einer Zerschlagung und anschließenden Liquidation des angeschlagenen Unternehmens verbunden (um die offenen Forderungen der Gläubiger zu bedienen), so ist es heute viel eher das Ziel, dem Unternehmen durch einen Turnaround (bzw. Restrukturierung oder Sanierung) neues Leben einzuhauchen.

Die Insolvenzordnung beinhaltet im § 15a InsO empfindliche strafrechtliche Konsequenzen, es drohen auch Freiheitsstrafen. Zudem können gem. § 823 BGB auch Privathaftungsansprüche geltend gemacht werden („*Wer vorsätzlich oder fahrlässig das Leben (…) das Eigentum oder ein sonstiges Recht eines anderen widerrechtlich verletzt, ist dem anderen zum Ersatz des daraus entstehenden Schadens verpflichtet.*"). Es kann auch zu einem Berufsverbot für den

Geschäftsführer kommen, siehe § 6(3) GmbHG: "*Geschäftsführer kann nicht sein, wer (...) wegen einer oder mehrerer vorsätzlich begangener Straftaten des Unterlassens der Stellung des Antrags auf Eröffnung des Insolvenzverfahrens (Insolvenzverschleppung) (...) verurteilt worden ist*". Es sei auch darauf hingewiesen, dass der Insolvenzverwalter dazu gehalten ist, den Gerichten einen Verdacht auf Insolvenzverschleppung mitzuteilen.

§ 15a InsO Antragspflicht bei juristischen Personen und Gesellschaften ohne Rechtspersönlichkeit (Ausschnitt)
(1) Wird eine juristische Person zahlungsunfähig oder überschuldet, haben die Mitglieder des Vertretungsorgans oder die Abwickler ohne schuldhaftes Zögern einen Eröffnungsantrag zu stellen. Der Antrag ist spätestens drei Wochen nach Eintritt der Zahlungsunfähigkeit und sechs Wochen nach Eintritt der Überschuldung zu stellen.
(...)
(4) Mit Freiheitsstrafe bis zu drei Jahren oder mit Geldstrafe wird bestraft, wer (...) einen Eröffnungsantrag
1. nicht oder nicht rechtzeitig stellt oder
2. nicht richtig stellt.
(5) Handelt der Täter in den Fällen des Absatzes 4 fahrlässig, ist die Strafe Freiheitsstrafe bis zu einem Jahr oder Geldstrafe.

Die hier angesprochenen Gesetze sollten daher von der Geschäftsführung aus mehreren Gründen beachtet und implementiert werden: Privathaftung, Gefängnisstrafen, Moralvorstellungen über die Aufgaben der Geschäftsführung, unbeabsichtigte Zerstörung des Unternehmens, etc.

2.4 Krisenfrüherkennung im aktuellen Unternehmensumfeld

Veränderungen begünstigen nur den, der darauf vorbereitet ist. (Louis Pasteur)

Die Welt ist im stetigen Wandel; diese Erkenntnis ist nicht neu, schon Heraklit sagte vor 2500 Jahren den bekannten Satz „Pantha Rhei" (alles fließt) oder Platon zu einer ähnlichen Zeit „Alles bewegt sich fort und nichts bleibt". Analog zu den Aussagen von Heraklit und Platon lässt sich heute vor allem in der Geschäftswelt die Weisheit „nichts ist so konstant wie der ständige Wandel" unterbringen. Die Besonderheit ist, dass der Wandel eine enorme Geschwindigkeit hat. Schon im Jahr 1979 bemerkte der bekannte Wirtschaftswissenschaftler Harry Ansoff, dass die Dynamik der Umfeldveränderungen massiv zugenommen hat. Und auch in den 1990er-Jahren, als Veränderungen, verglichen mit heute, ebenfalls weniger häufig und stark auftraten, wurde in der betriebswirtschaftlichen Literatur angemerkt, dass Krisenfrüherkennung eine absolute Notwendigkeit ist, vor allem vor dem Hintergrund der oft „abrupt aus ungewohnten Richtungen auftretenden Veränderungen" (Krystek und Müller-Stewens 1993).

Diese schlagartigen Veränderungen treten im Jahr 2022 in noch viel stärkerem Ausmaß auf. Mit drastischen Auswirkungen kommen sie aus dem Nichts und stellen Unternehmen jeder Größe und Branche vor Herausforderungen, die für das zukünftige Überleben entscheidend sein können. Wir sehen, dass Unternehmen, die jahrzehntelang auf ihrem Gebiet Marktführer waren, plötzlich in eine Krise geraten und – je nach Größe mit entsprechender medialer Präsenz – von der Bildfläche nahezu gänzlich verschwinden. Bekannte Beispiele sind Kodak, Nokia, Schlecker, Commodore, Praktiker.

Insbesondere Erneuerungen im technologischen Bereich können als Auslöser genannt werden. War es in den letzten 10 Jahren insbesondere der Online-Handel, so ist mit Spannung abzuwarten, wie die jüngsten technologischen Fortschritte im Bereich künstliche Intelligenz, Robotics, virtuelle Welten und vielen weiteren Technologien, die bereits in den Startlöchern stehen (oder heute noch unbekannt sind), die Zukunft formen werden. Es ist sogar davon auszugehen, dass die Anzahl und Auswirkungskraft der Veränderungen nicht abflachen, sondern eher Geschwindigkeit aufnehmen wird; dies ist eine zentrale Eigenschaft des technologischen Fortschrittes, da dieser auf den bisherigen Errungenschaften aufbaut.

Der technologische Fortschritt wird wohl auch dazu führen, dass höhere Investitionen in diese neuen Technologien notwendig werden und damit kleinere Unternehmen, welche nicht die Möglichkeit zur Tätigung von erforderlichen Investitionen haben, vom Markt verdrängt werden (z. B. durch fehlende Fixkostendegression). Das könnte zu einer weiteren Konzentration auf große Hersteller führen und eine große Gefahr für kleine und mittelständische Unternehmen darstellen. Insbesondere der technologische Fortschritt muss daher aus einer längerfristigen, strategischen Perspektive betrachtet werden. Generell werden strategische Risiken bei vielen Unternehmen zu wenig fokussiert (vgl. Abschn. 3.6). Für strategische Risiken ist ein unvoreingenommener Blick in die Zukunft entscheidend: wir können mit großer Gewissheit vorhersehen, dass Phänomene auftreten werden, die wir uns aus heutiger Sicht nicht annähernd vorstellen können. Zudem sind es vor allem die strategischen Risiken (also die langfristigen Risiken), welche Geschäftsmodelle zerstören und häufig zur Geschäftsaufgabe oder Insolvenz führen. Die operativen Risiken im Tagesgeschäft hingegen sorgen, mit Ausnahme von Extremereignissen, eher für schmerzende Einträge in der Gewinn- und Verlustrechnung, zwingen das Unternehmen aber nicht in die Knie.

Bezogen auf den operativen und strategischen Rahmen konzentriert sich die Betriebswirtschaftslehre dessen ungeachtet insbesondere auf die Erfolgsfaktoren von Unternehmen und weniger auf die Risiken. Unzählige Unternehmensberater unterstützen Betriebe dabei, ihre Geschäftsmodelle erfolgreicher zu gestalten. Im Fokus stehen dabei vielfach Steuereinsparungsmodelle, Marketingmaßnahmen, effiziente Prozess-Gestaltung und Working-Capital-Optimierung. Doch: kaum jemand konzentriert sich auf die Gründe des Versagens. Dabei zeigt Tab. 2.3 sehr eindrucksvoll, dass es viele Beispiele – verschuldet oder unverschuldet – zum Versagen eines Unternehmens gibt.

Verwunderlich erscheint bei den Zahlen das Corona-Insolvenz-Paradoxon: die Anzahl der Insolvenzen ist im ersten Corona-Jahr signifikant zurückgegangen. Dieses Phänomen ist jedoch lediglich auf Sondereffekte zurückzuführen. So wurde beispielsweise die Insolvenzantragspflicht von März 2020 bis Ende 2020 (sogar mit weiteren Sonderregelungen bis April 2021) ausgesetzt. Darüber hinaus wurden im Rahmen von fiskalpolitischen Maßnahmen massive Hilfspakte zur Unterstützung der Corona-geplagten Unternehmen geschnürt. In Bezug auf Unternehmenskrisen ist es aktuell fraglich, wie gesund die deutsche Unternehmensland-

Tab. 2.3 Beantragte Insolvenzverfahren

Jahr	Eröffnete Insolvenzverfahren	Mangels Masse abgewiesene Insolvenzverfahren	Summe
2005	23.247	13.596	36.843
2006	23.293	10.844	34.137
2007	20.491	8669	29.160
2008	21.359	7932	29.291
2009	24.315	8372	32.687
2010	23.531	8467	31.998
2011	22.393	7706	30.099
2012	21.311	6986	28.297
2013	19.488	6507	25.995
2014	17.877	6208	24.085
2015	16.961	6140	23.101
2016	15.814	5704	21.518
2017	14.397	5696	20.093
2018	13.907	5395	19.302
2019	13.609	5140	18.749
2020	11.063	4778	15.841

Quelle: Statistisches Bundesamt

schaft nach der Corona-Krise sein wird und wie hoch die Zahl der Zombie-Unternehmen ist. Dies sind solche Unternehmen, deren operativer Gewinn nicht ausreicht, um den Zinsaufwand zu stemmen. Zudem werden zahlreiche Stimmen laut, dass Deutschland möglicherweise eine Insolvenzwelle vor sich herschiebt, die sich zeitnah entladen könnte.

In diesem Zusammenhang sei auch auf den offensichtlichen Rückgang der Insolvenzen in den letzten zehn Jahren und auf die Entwicklung der Leitzinsen seit 2008 eingegangen (vgl. Abb. 2.4). Durch die permanente Senkung der Leitzinsen (Hauptrefinanzierungssatz) von 4,25 % im September 2008 bis auf 0 % im März 2016 sind auch die Zinsen für Fremdkapital gesunken und haben für verschuldete Unternehmen eine sehr günstige Situation hervorgerufen. So sagt der damalige Präsident der Deutschen Bundesbank, Jens Weidmann, in einem Handelsblatt-Interview im Mai 2015: „Natürlich gibt es Risiken, die durch anhaltend niedrige Zinsen entstehen. Und diese Risiken nehmen auch mit der Dauer der Niedrigzinsphase zu. Der Zins ist der Preis für Kapital. Im Prinzip also ein Preis wie jeder andere auch. Und wenn es etwas quasi umsonst gibt, dann kann es zu Fehlallokationen kommen: Kapital wird

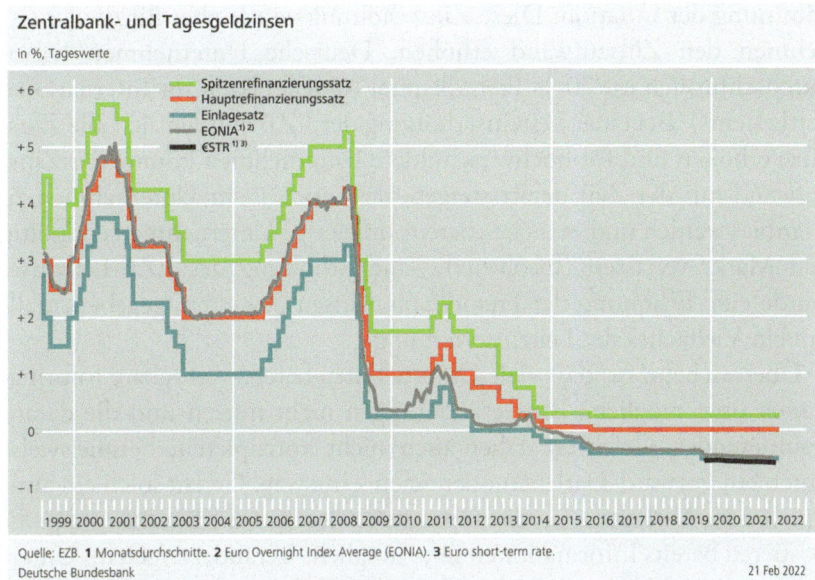

Abb. 2.4 Zentralbank- und Tagesgeldzinsen. (Quelle: Deutsche Bundesbank auf Daten von der EZB)

falsch eingesetzt, etwa weil eigentlich nicht tragfähige Geschäftsmodelle lohnend erscheinen (…)". Auch der damalige Präsident der Deutschen Volksbanken und Raiffeisenbanken, Uwe Fröhlich, sagte bereits 2013 in einem Süddeutsche-Interview „Niedrige Zinsen sind ausgesprochen schädlich für die Finanzstabilität, weil sie Investitionen begünstigen, die auf Dauer nicht wirtschaftlich tragfähig sind". Die niedrigen Zinsen halten nun jedoch schon seit vielen Jahren an und es liegt die Frage auf der Hand, ob unsere Wirtschaft süchtig ist nach niedrigen Zinsen.

Diese Frage können wir hier nicht beantworten, soll aber als Beispiel für die Sinnhaftigkeit von Krisenfrüherkennung dienen: So stellt aktuell vor allem das Zinsänderungsrisiko eine Gefahr für Unternehmen dar, denn es ist unklar, wie die Europäische Zentralbank, die Hüterin der Zinsen, mit dem aktuellen Inflationsniveau umgehen wird; während dieses Buch geschrieben wird, im Februar 2022, liegt dieses bei ca. 5 % (mit steigender Tendenz aufgrund der Russland-Sanktionen und der Energie-Krise). Eine EZB-seitige Zinserhöhung wäre ein probates Mittel zur Eindämmung der Inflation. Diese Zinserhöhung würde aber für die Unternehmen den Zinsaufwand erhöhen. Deutsche Unternehmen haben durchschnittlich ca. 70 % Fremdkapital (Quelle: Bank for International Settlements). Bei einer Leitzinserhöhung der EZB würden sich alle Zinssätze erhöhen und für hochverschuldete Unternehmen könnte der Zinsaufwand mit der Zeit derart steigen, dass noch mehr Unternehmen zu Zombies werden und manche „bereits infizierte" Unternehmen endgültig den Markt verlassen (Insolvenz). Eine Erhöhung des EZB-Leitzinses würde eine Erhöhung der Fremdkapitalzinsen bewirken, gegebenenfalls um ein Vielfaches der Leitzinserhöhung.

Überraschend ist, dass viele Unternehmen bereits verfügbare Informationen über mögliche Zinsveränderungen nicht nutzen und die daraus resultierenden Gefahren daher auch nicht antizipieren, beispielsweise durch ein Forward-Darlehen oder einen Zinsswap. Genau solch ein antizipierendes Verhalten ist die Grundidee der Krisenfrüherkennung: Es existieren bereits Informationen über mögliche Veränderungen im Unternehmensumfeld, die auf eine gefährliche Zukunftsentwicklung hindeuten, die dem Unternehmen aber ohne Krisenfrüherkennung nicht bekannt sind oder ignoriert werden, dies mit der Konsequenz, dass rechtzeitige Gegenmaßnahmen nicht unternommen werden.

Das aktuelle Unternehmensumfeld ist zudem durch regelmäßige Wirtschaftskrisen gekennzeichnet. In Tab. 2.4 sind ausgewählte Krisen der Vergangenheit aufgeführt. Es zeigt sich, dass Wirtschaftskrisen vor der Industrialisierung und Globalisierung eher auf ein Land beschränkt und relativ selten waren. Heutzutage sind grenzüberschreitende Krisen quasi zur Normalität geworden, auch wenn die Zahlen eher als anekdotische Evidenz zu werten sind.

Wirtschaftskrisen haben für Betriebe starke Auswirkungen auf deren Rahmenbedingungen. Eine Abschwächung der Konjunktur ist direkt mit einer nachlassenden Kundennachfrage verbunden. Die Ursachen für die schwächere Nachfrage sind dabei vielfältig. Viele Kunden im Business-to-Business (B2B) Bereich haben ebenfalls mit der schwächeren Nachfrage und den sinkenden Umsätzen zu kämpfen, gehen daher zu Sparmaßnahmen über und verschieben nicht unmittelbar notwendige Investitionen in die Zukunft. Kunden im Business-to-Consumer (B2C) Bereich haben durch Arbeitslosigkeit oder Kurzarbeit Einkommensein-

Tab. 2.4 Ausgewählte Krisen der Vergangenheit

Krisen vor 1990	Krisen nach 1990
Deutsche Geldkrise (1459)	Nordische Bankenkrise (1990er-Jahre)
Holländische Tulpenkrise (1637)	Japankrise (ab 1991)
Englische Geldkrise (1696)	Krise des EWS (1992)
Hamburger Handelskrise (1799)	Tequila-Krise (1994/1995)
Finanzkrise und Depression in USA (ab 1837)	Asien-Krise (1997/1998)
Britische Eisenbahnkrise (1869)	Russland-Krise (1998/1999)
Erste Weltwirtschaftskrise (1857)	Argentinien-Krise (1998–2002)
Wiener Börsencrash (1873)	Dotcom-Blase (2000)
Börsencrash in Frankreich (1882)	Finanzkrise ab 2007
Zweite Weltwirtschaftskrise (1929)	Euro-Schuldenkrise ab 2010
Erste Ölkrise (1973)	Islands Finanzkrise 2008–2011
Zweite Ölkrise (1979/1980)	Wirtschaftskrise in Venezuela ab 2013, Brasilien ab 2014
US-Sparkassenkrise (1981)	COVID-19-Pandemie (ab 2020)
Schuldenkrise lateinamerikanischer Staaten (ab 1970)	2022: Ukraine-Russland-Krieg, Energiekrise, Rohstoffpreiskrise, Lieferkettenkrise

bußen und gehen ebenfalls zu Sparmaßnahmen über. In beiden Fällen wird nun ein Teufelskreis ausgelöst, denn eine nachlassende Nachfrage führt zu Zweitrundeneffekten: zu härteren Bedingungen für Unternehmen und damit zu höherer Arbeitslosigkeit, stärkeren Sparmaßnahmen und mehr Insolvenzen (auf betrieblicher und privater Ebene). Dadurch wird weiterer Nachfragerückgang bewirkt und das Karussell dreht sich weiter. Die Abwärtsspirale wird durch abnehmende Zahlungsmoral und somit einer Verstärkung schon vorhandener Liquiditätsprobleme noch weiter beschleunigt.

Zusätzlich kommt auf Unternehmen durch die geringeren Absatzmengen ein Preisdruck, bzw. höherer Wettbewerbsdruck zu, welcher gesamtwirtschaftlich zu deflationären Tendenzen führen kann. Deflationäre Tendenzen verringern die Nachfrage erneut, z. B. weil Investitionen auf die Zukunft aufgeschoben werden, weil niedrigere Preise erwartet werden. Erschwerend kommt eine seit mehreren Jahren anhaltende Verlagerung zu einer technologielastigen Produktion: diese erfordert höhere Investitionen und bewirkt somit höhere Fixkosten, wodurch eine flexible Anpassung an geringere Stückzahlen kaum möglich ist.

Diese hier kurz angeschnittenen Entwicklungen haben enorme Auswirkungen auf Unternehmen und damit auf die gesamte Wirtschaft. Typischerweise haben Staaten in der Vergangenheit eine Keynesianische Sicht vertreten und durch fiskalpolitische Maßnahmen versucht, in diesen Prozess einzugreifen (Konjunkturpakete wie beispielsweise die Abwrack-Prämie oder die Kredit- und Bürgschaftsprogramme der KFW in der Finanzkrise, Senkung der Mehrwertsteuer oder die Milliarden-Bazooka in der Corona-Krise, etc.).

Auch wenn zum jetzigen Zeitpunkt, im April 2022, die Corona-Krise aus wirtschaftlicher Sicht abzuflachen scheint, stehen neue Probleme bevor: der Russland-Ukraine-Krieg, die gestiegenen Rohstoffpreise, die anhaltende Lieferkettenstörung und zudem eine Energiekrise. Auch wenn die Vergangenheit die Zukunft nicht voraussagt, so kann sicher davon ausgegangen werden, dass Wirtschaftskrisen auch in der Zukunft eintreten werden und sich Unternehmen auf Krisen einstellen sollten.

Neben den bereits angesprochenen gesamtwirtschaftlichen Krisen wurden in der Vergangenheit Unternehmenskrisen auch durch Diskontinuitäten und Disruptionen ausgelöst; von diesen ist zu erwarten, dass sie in der Zukunft vermehrt auftreten. Mit **Disruptionen** sind solche Innovationen gemeint, die im Gegenteil zu normalen Innovationen nicht nur eine Weiterentwicklung von bisherigen Technologien kennzeichnen, sondern vielmehr eine grundlegende Veränderung darstellen und damit auch bisherige Geschäftsmodellen zerstören. Es existieren zahlreiche Beispiele:

- Automobil verdrängt Pferdekutsche
- Digitalfotografie verdrängt die Analogfotografie
- MP3 verdrängt die CD, DVDs die Videokassetten, Streamingdienste die DVD und MP3
- E-Mails verdrängen das Fax-Gerät und ersetzen Geschäftsbriefe
- Smartphones lösen Digitalkameras, Navigationssysteme, Festnetztelefone, gedruckte Zeitschriften und vieles mehr ab.

Unter **Diskontinuitäten** sind abrupte Veränderungen zu verstehen, man spricht in diesem Zusammenhang auch von Strukturbrüchen: die Umwelt verändert sich schlagartig und nicht etwa in kleinen beobachtbaren Schritten. Beispiele für solche Situationen gibt es im unternehmerischen Kontext zuhauf:

- Stillstand der globalen Lieferketten im Jahr 2021 als Folge der Havarie des Containerfrachters „Ever Given" im Suez Kanal.
- Ausbruch der Corona-Pandemie
- Umweltkatastrophen (Tschernobyl, Exxon-Valdez Unfall, Fukushima, etc.)
- Wirtschaftskrisen
- Extreme Veränderungen in den Marktpreisen (Energie, Rohstoffe, etc.)

Diese Diskontinuitäten bringen typischerweise extreme wirtschaftliche Auswirkungen mit sich und kommen für die meisten Personen und Unternehmen „aus heiterem Himmel". Im Bereich Risikomanagement beschäftigt sich beispielsweise das „Diskontinuitätenmanagement" mit diesen Phänomenen und hilft, solche seltenen Extremereignisse sinnvoll zu antizipieren (aus einer Kosten-Nutzen-Perspektive) und diese ggf. sogar als Chance zu sehen (vgl. Macharzina 1984).

Die unsichere Zukunft zeigt sich aktuell auch durch geopolitische Machtkämpfe, welche zwischen mehreren Ländern bzw. Regionen ausgetragen werden. Insbesondere der andauernde Konflikt zwischen China und den USA oder der russische Einfall in die Ukraine können für die hiesigen Unternehmen zunehmend Probleme verursachen; die aktuell sich anbahnende Energiekrise kann als Vorbote gesehen werden.

Es ist vielleicht nötig, das „Stabilitätsdenken" abzulegen; die Zukunft wird eine extreme Flut an Veränderungen mit sich bringen und die Vergangenheit hat uns gezeigt, dass die Rate der Veränderungen stetig zugenommen hat. Es ist aus heutiger Sicht nicht vorstellbar, welche Entdeckungen in Zukunft stattfinden können und wie heftig die Auswirkungen für unvorbereitete Unternehmen sein werden, die den Veränderungsprozess nicht wahrnehmen und sich somit nicht entsprechend anpassen. Der Computer sei hier als Beispiel genannt: diese Erfindung war epochal und man hätte einer Person aus dem Jahr 1980 nicht erklären können, welche wirtschaftlichen Veränderungen dadurch hervorgerufen werden.

Eine kurze Geschichte der Veränderungen in der Menschheit:
Das erste Auftreten von Menschenarten scheint wohl mehr als 2 Millionen Jahre zurückzuliegen. Von der Steinzeit bis zur Neolithischen Revolution (der Mensch wird sesshaft) gab es kaum Veränderungen. In dieser Zeitspanne wurden zwar

bessere Werkzeuge erfunden, das Feuer entdeckt und die Jagd verbessert, doch erst mit den ersten Siedlungen oder Städten vor ca. 10.000 Jahren und der Entwicklung der arbeitsteiligen Gesellschaft kamen große Veränderungen. Die Menschheit entwickelte die Schrift, entdeckte sehr langsam die Wissenschaft und hatte technologische Fortschritte (z. B. das Rad, Papier, Flaschenzug, Wasserleitungen). Es gab auch überaus bedeutende Erfindung wie den Buchdruck im Jahr 1450 und die Weiterentwicklung der Mathematik, hier sei Newtons Werk „Principia Mathematica" aus dem Jahr 1687 genannt. Doch wenn wir uns Cäsar, Hannibal, Alexander den Großen oder Napoleon anschauen (dazwischen liegen immerhin mehr als 2000 Jahre): deren bestes Fortbewegungsmittel war das Pferd.

Es ist schwierig, der explosionsartigen Entwicklung der Veränderungen eine Geburtsstunde zu geben, vielleicht war es die Erfindung der ersten Dampfmaschine durch Thomas Newcomen im Jahr 1712. Damit hatte es die Menschheit geschafft, Maschinen zum Arbeiten zu bringen und in den Jahren 1800–1900 begann eine drastische Entwicklung: Motoren, Schreibmaschinen, Fotografie, Elektrizität und vieles mehr. In den Jahren 1900–2000 wurden weitere Technologien entdeckt und die bestehenden enorm weiterentwickelt und dann auch digitalisiert. Zusätzlich wurden Flugzeuge, Penicillin, Fernsehen, Autos erfunden und die Massenproduktion verbreitet, es wurden Autobahnen gebaut und Computer brachten uns das Internet. In den letzten Jahren ist die Menschheit einen kräftigen Schritt weiter gegangen, haben das menschliche Genom entschlüsselt, sowie künstliche Intelligenz, Quantencomputer und auch Robotics vorangetrieben. Welche Erfindungen die nächsten Jahre mit sich bringen werden, ist zu jedem Zeitpunkt – mit zwingender Logik – unbekannt.

Die Beschreibung der Menschheitsgeschichte in der Nebeninformation soll zeigen, dass wir uns „plötzlich" in einer neuen Welt befinden, in der die Veränderung zur neuen Normalität geworden ist. Diese neue Normalität bringt aber die alten Geschäftsmodell von alteingesessenen Unternehmen zum Wanken. So hatte Amazon vor 15 Jahren einen Umsatz von nur 10 Milliarden € (heute mehr als 380 Milliarden €) und der stationäre-Einzelhandel war sich seiner bevorstehenden Krise (Karstadt, Kaufhof, Toys'R'Us, Sears) nicht bewusst.

In solchen dynamischen Situationen mit Disruptionen und Diskontinuitäten ist es für Unternehmen erforderlich, Entscheidungen zu treffen. Voraussetzung dafür ist jedoch, dass die Notwendigkeit der Entscheidungen überhaupt erkannt wird. Vielen Unternehmen ist es nicht bewusst, dass wir in einer sogenannten VUKA-Welt leben und die nächsten zehn Jahre wohl mehr und stärkere Veränderungen mit sich bringen als die letzten zehn Jahre. VUKA (englisch: VUCA) ist ein Akronym und steht für die Anfangsbuchstaben der in den folgenden beschriebenen Eigenschaften der heutigen Zeit.

- **V**olatilität: Unsere Welt wird zunehmend unbeständiger und das Marktumfeld verändert sich permanent. Zudem kommen radikale Veränderungen scheinbar aus „dem Nichts". Als Beispiel sei hier der plötzliche Wandel zur „Always-online-per-Smartphone" Gesellschaft genannt. Zudem sind es die ständigen Technologiesprünge, die das Marktumfeld verändern wie beispielsweise 3D-Drucker, Drohnen, die Blockchain-Technologie, Robotics, der Online-Handel, etc.
- **U**nsicherheit: Es ist kaum möglich, zuverlässige Prognosen über zukünftige Marktentwicklungen abzugeben. Es ist daher auch fraglich, auf welcher Basis mehrjährige Marktanalysen erfolgen sollen und wie flexibel eine Unternehmensstrategie formuliert sein muss. So ist beispielsweise unklar, wie sich die Zinsen verändern, wie sich die Immobilienpreise entwickeln werden in welche Richtung die neuen Kryptowährungen gehen und wann autonomes Fahren unseren Alltag verändern wird oder ob die Digitalisierung unsere sozialen und beruflichen Treffen in eine virtuelle Welt verlagern wird.
- **K**omplexität: Es ist für uns kaum noch möglich, unsere Welt zu verstehen. In unserer globalisierten Welt und den dazugehörigen globalen Lieferketten existieren sehr viele Unternehmen, die zudem stark miteinander verbunden sind und über ein kompliziertes System miteinander agieren (Fremdkapital über anonyme Kapitalmärkte, weltweit verstreute Eigentümer von Aktiengesellschaften, hochkomplizierte just-in-Time Zulieferungssysteme, etc.). Diese Welt ist zu einem hohen Grad unvorhersehbar: aus kleinen Fehlern kann innerhalb kürzester Zeit eine Katastrophe erwachsen. Als Beispiel sei die Havarie des Containerschiffs „Ever Given" genannt, welche uns auf eindrucksvolle Art die Fragilität unser globalen Lieferketten gezeigt hat.
- **A**mbiguität: Es wird zunehmend schwieriger, Kausalzusammenhänge zu verstehen. Damit ist das Ursache-Wirkungsprinzip gemeint. Die Abfolge von Ereignissen kann nicht mehr verstanden werden. Als

Beispiel dient nahezu jede Prognose oder auch jede Diskussion über „was als nächstes passiert" oder „was soll man tun". Wir beobachten, dass sich Politiker häufig nicht einig sind und auch Experten in Fachgebieten konträre Meinungen haben; Nota bene, obwohl man den exakt gleichen Sachverhalt diskutiert.

Diese vier Eigenschaften der VUKA-Welt zusammen betrachtet sorgen für Chaos. Chaos ist dabei nicht als Unordnung zu verstehen. Vielmehr bedeutet Chaos, dass die Zukunft nicht prognostizierbar ist.

Zufall und Chaos
Es wird seit langer Zeit diskutiert, ob der Zufall wirklich existiert oder ob er lediglich ein Konstrukt des Menschen ist, welches dann benutzt wird, wenn die Zukunft nicht mit Sicherheit vorausgesagt werden kann oder keine kausale Erklärung für das Zustandekommen eines Ereignisses gefunden wird. Es kann dabei die Meinung angenommen werden, dass es keinen wirklichen Zufall gibt, da jede Wirkung eine Ursache haben muss. Jedes Mal, wenn keine kausale Ursache gefunden wird, dann bedeutet dies vielmehr, dass dem Beobachter bestimmte Informationen fehlen, die ihm das Verständnis ermöglichen würden.

Als Beispiel betrachten wir das Lotto-Spiel: dabei werden in Deutschland jeden Mittwoch und Samstag in der gleichen Art und Weise 49 nummerierte Kugeln in eine Urne geworfen und nach mehrmaligem Drehen sechs Kugeln gezogen. Warum sollte bei diesem jedes Mal gleichen Aufbau nahezu immer ein anderes Resultat erfolgen? Die Ursache liegt darin, dass es minimal kleine Veränderungen gibt und es daher nicht möglich ist, zweimal hintereinander exakt die gleichen Bedingungen zu schaffen. Ein einzelnes Staubkorn in der Urne, eine minimal andere Luftfeuchtigkeit im Raum oder auch eine andere Entfernung zum Mond und der damit verbundenen Anziehungskraft würde das Ergebnis verändern. Es ist also kein wirklicher Zufall im Spiel; es sind einfach zu viele nicht prognostizierbare Variablen vorhanden. Die Unvorhersagbarkeit der Zukunft aufgrund minimaler Veränderungen nennt sich Chaos.

Die Mathematik, die sich mit der Berechnung des Zufalls beschäftigt, nennt sich Wahrscheinlichkeitstheorie bzw. Stochastik. Sie bedient sich des Phänomens, dass sich zufällige Ereignisse zwar nicht vorhersehen lassen, man aber sehr wohl statistische Aussagen über die Zukunft machen kann. Das Konzept benutzt Wahrscheinlichkeiten, welche den Grad der Gewissheit bezeichnen, mit dem ein Ereignis eintreten kann. So kann im unternehmerischen Kontext zwar nicht exakt vorausgesagt werden, wie hoch der Gewinn im nächsten Jahr oder wie hoch der Schaden durch Ausschuss in der Produktion sein wird, es können aber Wahrscheinlichkeiten geschätzt werden. Der Zufall ist damit berechenbar und kann für Prognosen berücksichtigt werden. Ein äußerst wichtiges Werkzeug in dem Zusammenhang ist die Monte-Carlo-Simulation (Abschn. 3.7), welche den Einfluss von vielen Unsicherheiten aggregiert.

Die Eigenschaften und Auswirkungen der VUKA-Welt sind vielfältig beobachtbar und betreffen Unternehmen teilweise stark. Die Globalisierung der letzten Jahrzehnte beispielsweise und der damit verbundene grenzüberschreitende Wettbewerb sorgen für härtere Bedingungen und eröffnen gleichzeitig größere Absatzmärkte. Die Auswirkungen sind derart einflussreich, dass auch Regierungen dazu angehalten sind, eine industriepolitische Strategie zu entwickeln, mit der die heimische Wirtschaft dem internationalen Wettbewerb auf Augenhöhe begegnen kann. StaRUG kann als eine Maßnahme in diese Richtung angesehen werden.

Der Blick in die Zukunft bleibt uns aufgrund der Chaos Eigenschaft der VUKA-Welt verwahrt. Es ist lediglich möglich, auf „Sicht" zu fahren und aufmerksam die Entwicklungen zu beobachten. Die Sinnhaftigkeit der Frühaufklärung wird dadurch erneut unterstrichen, so ist es genau deren Aufgaben, die Umwelt und das Unternehmen aufmerksam zu betrachten und Gefahren und auch Chancen zu identifizieren. Die Krisenfrüherkennung als Teilgebiet der Frühaufklärung hat dabei das vorrangige Ziel, insbesondere nachteilige Veränderungen frühzeitig zu erkennen.

Mit den Unsicherheiten der Zukunft verbunden ist auch die Nachhaltigkeit. Der Begriff der Nachhaltigkeit hat in den letzten Jahren eine beeindruckende Entwicklung durchlaufen und auch in der politischen Debatte scheint es so, als wäre generell der Wunsch auf mehr Nachhaltigkeit vorhanden. Schon 1992 wurde von den damals 178 Mitgliedsstaaten der UNO die Agenda 21 angenommen, welche als wichtiger Vorstoß in Richtung Nachhaltigkeit gesehen werden kann. Diese geht davon aus, dass „die Menschheit an einem entscheidenden Punkt ihrer Geschichte steht" und erklärt: „Die Agenda 21 nimmt sich der drängendsten Probleme der heutigen Zeit an und ist zur gleichen Zeit bemüht, die Welt auf die Herausforderungen des nächsten Jahrhunderts vorzubereiten". Die Herausforderungen des aktuellen Jahrhunderts kommen jetzt und in Zukunft auf Unternehmen zu und es gilt, diese zeitnah zu behandeln. In diesem Rahmen können die ESG-Kriterien genannt werden. ESG steht für Environment (Umweltverschmutzung soll vermieden und ökologisches Verhalten gefördert werden), Social (soziales Engagement soll gefördert werden) und Governance (ökonomisch nachhaltige Unternehmensführung steht im Vordergrund) und beschreibt die Forderung an Unternehmen, sich nachhaltigkeitsbezogen aufzustellen. Schon heute sehen wir, dass Unternehmen von der Öffentlichkeit und auch von Investoren dazu gezwungen werden, sich an diese Forderungen zu halten. In diesem Zusammenhang sei auf die EU-Taxonomie verwiesen; dieses Regelwerk legt Standards für das ökologische Wirtschaften fest, also insbesondere wann eine Aktivität als „grün" zu kennzeichnen ist. In der Zukunft kann es vorkommen, dass sich unvorbereitete Unternehmen im Blickpunkt der Medien sehen und entsprechenden Reputationsschaden erleiden. Darüber hinaus – und in Verbindung damit – ist es denkbar, dass es für solche Unternehmen schwierig wird, im Rahmen des „nachhaltigen Finanzwesens" Kapital von den Märkten zu günstigen Zinssätzen zu bekommen.

Bezogen auf den dritten Punkt des drei Säulen Modells, der „Governance", kann ausgehend von den zahlreichen Unternehmensinsolvenzen die gesetzlichen Forderungen nach StaRUG und KonTraG auch im Sinne der **ökonomischen Nachhaltigkeit** gesehen werden. Die Krisenfrüherkennung soll die Unternehmen auf die bevorstehenden Herausforderungen dieses Jahrhunderts vorbereiten und diese somit nachhaltig aufstellen.

Um nachhaltig zu überleben und im Kontext der Anpassung an neue Situationen, sei auf die bisher umfassendste Untersuchung zu Insolvenzursachen in Deutschland verwiesen: die Studie von Euler-Hermes und dem ZIS Mannheim „Ursache von Insolvenzen" aus dem Jahr 2006. Die Studie basiert auf Interviews von 124 hauptberuflichen Insolvenzverwaltern mit insgesamt 19.000 abgewickelten Insolvenzen. Die Erkenntnisse daraus sind unter anderem die Folgenden:

- „Die Insolvenzpraxis lehrt, dass die Sanierungschancen in erster Linie von einer rechtzeitigen Antragstellung abhängen."
- „Dem Gesetzgeber der neuen Insolvenzordnung ist es jedoch trotz löblicher Bemühungen offenbar nicht gelungen, dem chronischen Problem allzu später Verfahrenseinleitung abzuhelfen"
- „Das negative Stigma der Insolvenz muss überwunden und die im Insolvenzverfahren liegende Chance für einen Neuanfang gesehen werden."

Tab. 2.5 Ausgewählte Erkenntnisse aus der Studie: „Ursache von Insolvenzen"

Zustimmung	Sachverhalt
96 %	Die Chancen, das Unternehmen zu sanieren, seien bei früherer Antragstellung größer
79 %	Fehlendes Controlling ist eine häufige Insolvenzursache.
96 %	Unternehmer hegen die Hoffnung, es werde „irgendwie von selbst wieder aufwärtsgehen"
86 %	Eine Liquiditätsverbesserung sei bei früher Antragstellung leichter erreichbar
73 %	Wichtige Kunden und Lieferanten würden durch frühzeitige Beteiligung motiviert, das Unternehmen mitzustützen
95 %	Bloßstellung im Bekanntenkreis und in der Branche ist ein Grund, die Insolvenz zu verzögern.

Quelle: Euler-Hermes/ZIS Mannheim

Es ist auffallend, dass genau diese drei zuletzt genannten Erkenntnisse von StaRUG aufgegriffen werden; ob der neue Rahmen diese erfolgreich bekämpfen kann, muss sich durch die Praxis noch beweisen. Weitere (ausgewählte) Erkenntnisse aus der Studie sind die in Tab. 2.5 Aufgeführten, wobei die Prozentzahlen die Zustimmung der interviewten Personen wiedergeben.

Es wird von dieser Studie also auch die Wichtigkeit der frühzeitigen Krisendiagnose und der Verwirklichung von Maßnahmen hervorgehoben: Es ist der Zeitgewinn, der an Bedeutung gewinnt und zur überlebenskritischen Variablen wird (vgl. Krystek und Müller-Stewens 2006). Die Wichtigkeit der zeitlichen Komponente der Anpassung wird auch durch die EU-Richtlinie, welche durch StaRUG in deutsches Gesetz umgesetzt wurde, in den Vordergrund gestellt:

EU-Richtlinie 2019/1023 (Ausschnitt)
Darüber hinaus sollten Frühwarnsysteme eingerichtet werden, die Schuldner warnen, wenn Handeln dringend erforderlich ist (…) Je früher ein Schuldner seine finanziellen Schwierigkeiten erkennen und geeignete Maßnahmen treffen kann, desto höher ist die Wahrscheinlichkeit, dass eine wahrscheinliche Insolvenz abgewendet wird.

Die frühzeitige Anpassung an die neuen Gegebenheiten kann im Unternehmenskontext ganz im darwinistischen Sinne von „survival of the fittest" verstanden werden. Diejenigen Unternehmen, die sich an neue Gegebenheiten schnell anpassen, werden langfristig überleben. Mit den entsprechenden Maßnahmen muss nicht unbedingt ein Turnaround im Sinne einer Krise verstanden werden, auch wenn es das zentrale Anliegen dieses Buches ist, solche rechtzeitig zu erkennen. Mit „Anpassung als strategischer Erfolgsfaktor" kann sich auch ein gesundes Unternehmen angesprochen fühlen, welches frühzeitig Chancen wahrnehmen möchte, um Wettbewerbsvorteile zu erlangen. In der Literatur gibt es dazu eine Unterscheidung zwischen Früh**warn**systemen und Früh**aufklärungs**systemen.

> **Definition**
>
> Ein **Frühwarnsystem** ist ein System von Handlungen, das darauf ausgerichtet ist, frühzeitig potenzielle *Gefahren* für den Fortbestand eines Unternehmens zu erkennen. (Kemper und Sachse 2003).
> Ein **Frühaufklärungssystem** hingegen ist „Die Sensibilisierung des Managements gegenüber *Gefahren und Gelegenheiten* aus dem Unternehmensumfeld" und damit auch die „Identifikation und Handhabung zukünftiger *Chancen und Bedrohungen*." (Krystek und Müller-Stewens 1993).

Die Frühaufklärung ist damit eine Methode oder Denkweise, mit der sich ein Unternehmen durch eine verbesserte strategische Ausrichtung zukünftig stärker im Wettbewerb positionieren kann; im Gegensatz zum Frühwarnsystem beschränkt sich die Frühaufklärung nicht ausschließlich auf Gefahren, sondern auch auf Chancen (vgl. Abschn. 3.6).

2.5 Ursachen für fehlende Krisenfrüherkennung und vernachlässigtes Risikomanagement

Es ist fraglich, warum Unternehmen nicht viel mehr Engagement in die Krisenfrüherkennung, Frühaufklärung oder Risikomanagement generell investieren. Aus Sicht des Autors ist es insbesondere eine falsche Vorstellung von den Kosten und dem Nutzen, worauf im Folgenden aus mehreren Perspektiven eingegangen wird.

Sich mit den Gefahren der Zukunft zu beschäftigen, bündelt vorweg Ressourcen und muss daher als Investition in die Zukunft gesehen werden. Die naheliegende Frage ist, wie hoch der Return-on-Investment ausfällt. Leider kann diese Frage nicht beantwortet werden, denn wie schätzt man den Wert einer vermiedenen Gefahr ein, wenn die Gefahr nie eintreten wird. Aus stochastischer Sicht kann die Frage teilweise mit dem Erwartungswert beantwortet werden: dazu wird die Eintrittswahrscheinlichkeit mit dem Schadensausmaß multipliziert. Der Erwartungswert ist jedoch häufig ein irreführendes Konzept, welches eher dann gut interpretierbar ist, wenn ein Experiment sehr häufig durchgeführt wird. Als Beispiel sei der berühmte Würfelwurf genannt; bei 100.000 Würfen kann man erwarten, dass im Mittel 3,5 herauskommt. Als Gegen-Beispiel sei ein Brand in der Produktion genannt, welcher mit einer Eintrittswahrscheinlichkeit von 2 % pro Jahr angenommen wird und im Eintritt einen Schaden in Höhe von 1 Millionen Euro verursacht. Der Erwartungswert wäre demnach 20.000 Euro. Dieser Erwartungswert wäre nach dem „Gesetz der großen Zahlen" der durchschnittliche jährliche Schaden, welcher auf einen sehr langen Zeitraum im Durchschnitt eintreten würde. Eine Maßnahme, welches dieses Risiko auf nahe Null minimieren würde (sei es einerseits durch Reduktion der Eintrittswahrscheinlichkeit durch ein ausgefeiltes Sprinklersystem oder andererseits des Schadensausmaßes durch Abschluss einer Versicherung) dürfte demnach nicht mehr als 20.000 Euro jährlich kosten.

Das Problem am Erwartungswert ist aber gerade das Gesetz der großen Zahlen: Es ist wohl möglich, dass in den nächsten 20 Jahren solch ein Brand gar nicht (Wahrscheinlichkeit 66,76 %), einmal (Wahrscheinlichkeit 27,25 %), zweimal (Wahrscheinlichkeit 5,28 %) oder häufiger (Wahrscheinlichkeit 0,7 %) vorkommt. Wenn ein Unternehmen nur wissen würde, wie oft der Brand vorkommen wird, so wäre das Unternehmen auch bereit, wesentlich mehr für eine Absicherung zu bezahlen, oder gar nichts.

Eine Gefahr zeigt sich dem Unternehmen häufig nur dann, wenn sie tatsächlich eintritt und sich im Jahresabschluss manifestiert. Es verschlechtert dann die Finanzkennzahlen und führt erst dann zu dem

Bewusstsein, dass diese Gefahr in Zukunft zu vermeiden ist. Eine Gefahr, welche vom Risikomanagement identifiziert wurde, kann auf zwei Arten gesteuert werden:

1. Senkung der Eintrittswahrscheinlichkeit: Wenn ein Schaden nicht eintritt, wird es auch nicht als Gefahr wahrgenommen. Tritt der Schaden trotzdem ein, so wird das Risikomanagement dafür verantwortlich gemacht.
2. Senkung des Schadensausmaß: Wenn der Schaden nicht eintritt, so werden die Anstrengungen als nutzlos interpretiert. Tritt der Schaden ein, so wird dies dem Risikomanagement zumindest als Erfolg zugeschrieben.

Erfolge können also nur dann wahrgenommen werden, wenn ein Schaden eintritt und das Schadensausmaß vorab vom Risikomanagement gemindert wurde (beispielsweise durch ein gegenläufiges Geschäft). So kann das Risikomanagement auch nur selten sichtbare Erfolge verbuchen und wird mitunter fälschlicherweise als „lästige" Pflicht angesehen.

Eine Möglichkeit, die direkten Erfolge des Risikomanagement zu sehen, kann jedoch durch ein verbessertes Rating bei Fremdkapitalfinanzierungen erreicht werden. Durch das bessere Rating kann das Unternehmen so bessere Konditionen erreichen; sehr sinnvoll vor allem bei solchen Unternehmen, die einen hohen Fremdkapital-Anteil auf der Passiv-Seite der Bilanz ausweisen.

Zudem wird auch häufig übersehen, dass Risikomanagement zu besseren Entscheidungen führt. In der Entscheidungstheorie wird vielfach hervorgehoben, dass insbesondere Risiko-Informationen die Transparenz bei unternehmerischen Entscheidungen verbessert (vgl. Gleißner 2015). So können beispielsweise mittels Szenarioanalysen (vgl. Abschn. 3.5) mögliche Zukunftsszenarien und damit die möglichen Auswirkungen einer Entscheidung dargestellt werden. Parallel kann mit der Monte-Carlo-Simulation berechnet werden, wie sich der Risikoumfang des Unternehmens durch die einzelnen Entscheidungsalternativen verändert. Sich allein auf das „unternehmerische Bauchgefühl" zu verlassen und eine Entscheidung ohne angemessene Informationen zu fällen, kann als fahrlässige Pflichtverletzung der Geschäftsführung angesehen werden.

Es ist einfach, sich nicht mit den Risiken und Krisen zu beschäftigen und sich auf Floskeln wie „im Nachhinein ist man immer schlauer" zu berufen und dann ex-post entsprechende Maßnahmen durchzuführen. Es ist aber nicht notwendig, Risiken tatsächlich eintreten zu lassen, um diese im Vorfeld zu antizipieren. Risikomanagement erfordert eine Risikoinventur (Abschn. 3.7), in der sämtliche denkbaren Risiken erfasst und anschließend gesteuert werden.

Auch der Nutzen einer dezidierten Betrachtung der eingetretenen Gefahren im Rahmen einer Schadensdatenbank wird unterschätzt, eine wirkungsvolle Methode aus dem Risikomanagement. Wenn eine Gefahr tatsächlich eingetreten ist, so ist in der Realität zu beobachten, dass man davon ausgeht, daraus gelernt zu haben. Schon der Volksmund lehrt uns: „Aus Fehlern lernt man". Das ist aber nicht so, vielmehr lernt man aus der Fehleranalyse, in der sämtliche Ursachen eines Schadens identifiziert werden. Fehler sind meist nicht auf einen (monokausales Denken) sondern auf mehrere Gründe zurückzuführen (multikausales Denken). Zukünftige Fehler können nur dann effektiv vermieden werden, wenn alle Möglichkeiten, die zu einem Fehler führen, identifiziert werden. Das Risikomanagement geht sogar einen Schritt weiter und fordert, dass nicht nur solche Fehler, die einen Schaden verursacht haben, zu analysieren sind, sondern auch solche, die keinen Schaden verursacht haben. Ein Fehler kann beispielsweise aus reinem Zufall beim erstmaligen Eintritt keinen Schaden hervorrufen, bei einem zukünftigen anderen Mal aber sehr wohl. Als Beispiel sei ein Brand in der Produktion genannt, der aber direkt gelöscht werden konnte. Werden die Ursachen für den Brand nicht gefunden und behoben (defekte Maschine, unvorsichtige Mitarbeiter, brennbare Materialien, etc.), so kann daraus in Zukunft ein massiver Schaden entstehen.

Ebenso lässt sich eine gewisse Risikofreudigkeit oder übertriebener Optimismus als Ursache für fehlendes Risikobewusstsein identifizieren. So ist es das grundlegende Problem von allen Maßnahmen, die ein Unternehmen vor zukünftigen Gefahren schützen sollen, darin zu sehen, dass Unternehmen „In ‚guten Zeiten" keinen Grund zur Ergreifung vorbeugender Maßnahmen sehen. Mögliche Gefahren werden, ohne gründliche Identifikation dieser, mit den Worten „Was soll schon passieren" abgetan. Tritt eine Krise dann ein, so hat man in diesen ‚schlechten Zeiten' Wichtigeres zu tun. Bemerkenswerterweise tendieren wir dazu, höchst offensichtliche und gleichzeitig gefährliche Ereignisse auszublenden (sogenannte graue Nashörner). Es scheint in der Natur des Menschen zu liegen, unangenehme Phänomene zu leugnen oder sich nicht damit zu beschäftigen; eine Art Abwehrmechanismus. Dieser Mechanismus kann dazu führen, dass die Geschäftsführung eine Art Abwehrhaltung entwickelt und so, ggf. unterbewusst, sich gegen objektive Methoden der Krisenfrüherkennung entscheidet.

Das graue Nashorn
Als „graues Nashorn" werden solche Gefahren bezeichnet, die uns zwar bekannt sind und extreme Folgen mit sich bringen können aber von den betroffenen Personen kaum beachtet werden, teilweise sogar bewusst ignoriert und ggf. sogar verleugnet werden. Sie sind daher verwandt mit dem „Elefanten im Zimmer", der ein offensichtliches Problem bezeichnet, welches aber von niemandem angesprochen wird. Wenn ein graues Nashorn eine Krise hervorruft, kann man demnach nicht wirklich von einer unerwarteten Überraschung reden. Ein paar Beispiele:

- Cyberangriff: Unternehmen ignorieren häufig die Möglichkeit eines Cyber-Angriffs und führen keine Gegenmaßnahmen durch. Dies, obwohl die Gefahren in den letzten Jahren deutlich zugenommen haben und zahlreiche Experten permanent davor warnen. Insbesondere bei kleinen und mittelständischen Unternehmen wird die Gefahr abgetan mit „wir sind nicht in deren Fokus", wobei genau das Gegenteil der Fall ist.
- Scheidung: es sollte jedem Paar hinreichend bekannt sein, dass eine zukünftige Scheidung eine hohe Eintrittswahrscheinlichkeit hat. Zudem gibt es im Zeitverlauf mehrere Warnmeldungen (Streits, Auseinanderleben, Gleichgültigkeit, etc.). Das Problem wird aber ignoriert und es gibt kaum vorgelagerte Bewältigungsstrategien.
- Klimawandel: Die negativen Folgen des Klimawandels und der nahe Eintritt dessen werden noch immer von zahlreichen Personen und Regierungen nicht hinreichend akzeptiert.
- Unternehmensnachfolge: Mit zunehmendem Alter erhöht sich auch die Sterbewahrscheinlichkeit, viele Unternehmen blenden dieses offensichtliche Risiko komplett aus. Sollte dem geschäftsführenden Gesellschafter etwas zustoßen, so trifft es das Unternehmen unvorbereitet und die Nachkommen haben keine Vollmachten für die Konten und keine Vorstellung davon, wie das Unternehmen zu führen ist.

Ein naheliegender Grund für die Ignoranz gegenüber grauen Nashörnern ist Bequemlichkeit und Prokrastination. Wir wollen solche Probleme nicht angehen und verdrängen diese deshalb. Dazu kommt eine kognitive Verzerrung, die „Optimismus-Verzerrung": der Eintritt von angenehmen Ereignissen wird überschätzt, der von schlechten unterschätzt. So ist die Optimismus-Verzerrung ein Grund dafür, dass Projekte sehr häufig nicht rechtzeitig fertig werden; die initialen Schätzungen über die Dauer waren zu optimistisch. Auch bei gesundheitlichen Gefahren wie Krebs und Bluthochdruck zeigt sich, dass wir diese als zu gering einschätzen. Dieses Verhalten scheint bei uns Menschen konsistent vorzukommen (Bracha und Brown 2012).

Zudem glauben wir lieber Aussagen, die für uns angenehm sind. Menschen ziehen es vor, angenehme Statistiken gerne als richtig zu akzeptieren, und an solchen zu zweifeln, die Unbehagen auslösen. Wir glauben z. B. gerne an den Mythos, dass Rotwein positive Wirkungen auf unsere Gesundheit haben soll, auch wenn zahlreiche Studien existieren, welche Alkohol in jeglicher Form als klar gesundheitsschädlich deklarieren.

Dieser zuletzt genannte übertriebene Optimismus und Ausblendungseffekt ist dabei nur eine von vielen Fehlern, die zu einem falschen Verständnis der Sinnhaftigkeit von Krisenfrüherkennung führt. So hat die Wirtschaftspsychologie in den letzten 30 Jahren eine Fülle von kognitiven Verzerrungen enthüllt, welche den Entscheidungsträger „Geschäftsführer Mensch" mit systematischen Fehlern in der Beurteilung von Sachverhalten und dem Treffen von Entscheidungen ausstattet. Dabei zeigt sich bei einem Vergleich einzelner Unternehmen unterschiedlicher Größe und aus unterschiedlichen Branchen, dass die Problemfelder sehr ähnlich sind. Insbesondere sticht dabei häufig die fehlerhafte Verarbeitung von Informationen hervor (vgl. Glaser 2019).

Eine Auswahl von kognitiven Verzerrungen auf Ebene der Geschäftsführung
Overconfidence Bias: Die Geschäftsführung überschätzt ihre eigenen Fähigkeiten und geht daher hohe Risiken für das Unternehmen ein (die jedoch irrtümlich als gering eingeschätzt werden). In der Managementforschung berichten die Professoren Richard Thaler und Cass Sunstein, dass sich mehr als die Hälfte der Manager zu den Besten 10 % zählen.
Bias und Noise: Bei Einschätzungen liegen wir häufig daneben und sind uns nicht darüber bewusst, mehr noch, wir ziehen es nicht einmal in Erwägung, falsch liegen zu können.

Confirmation Bias: Menschen suchen selektiv nach Informationen, die bereits bestehende Theorien unterstützen. So kann die Geschäftsführung unbewusst aber gezielt nach solchen Informationen suchen, welche die These unterstützen, dass das eigene Unternehmen gesund ist und bevorstehende Probleme mühelos meistern wird.

Selektive Wahrnehmung: Aspekte werden verzerrt dargestellt. Anzeichen für eine Krise werden heruntergespielt, da auch kleinere Erfolge sichtbar sind.

Eskalierendes Committment: Man fühlt sich einer früher getroffenen Entscheidung verpflichtet. Um diese Entscheidung als „richtig" zu stützen, werden weitere Ressourcen verbraucht, auch wenn vermutet wird, dass die Entscheidung nicht richtig war.

Hyperbolische Diskontierung: Die Gegenwart scheint uns wichtiger zu sein als die Zukunft. Das ist ein bekanntes Phänomen, welches auch in der Finanzmathematik durch Abzinsung/Diskontierung erreicht wird und stellt eigentlich keine Verzerrung dar. Vielmehr ist es aber so, dass wir kurzfristige Vorteile gegenüber langfristigen Vorteilen bevorzugen, auch wenn der zukünftige Vorteil nach Diskontierung überproportional größer wäre.

Die vielen in diesem Buch genannten Vorteile der Krisenfrüherkennung sollten bei der Geschäftsführung eine intrinsische Motivation für die Implementierung auslösen. Sollte diese intrinsische Motivation nicht ausreichen, so ist die extrinsische Motivation durch die Gesetzeslage und die ggf. anschließende Privathaftung zu nennen.

Ihr Transfer in die Praxis
- Als Geschäftsführung sind Sie in der Verantwortung, das Unternehmen vor Krisen zu schützen.
- Bei Nicht-Implementierung droht das Damokles-Schwert „Privathaftung der Geschäftsführung".
- Werden Sie sich bewusst darüber, dass es sehr menschlich ist, wenn auch ökonomisch falsch, sich zu wenig mit der Zukunft zu beschäftigen.
- Beschäftigen Sie sich zumindest mit Fragenkatalogen, die Ihnen helfen, das eigene Unternehmen und die aktuelle Umwelt zu verstehen.

3

Methoden der Krisenfrüherkennung

> **Was Sie aus diesem Kapitel mitnehmen**
> - Die diversen Methoden der Krisenfrüherkennung und ein Verständnis darüber, welche Methode für das eigene Unternehmen angemessen ist.
> - Die Notwendigkeit, eine Liquiditätsplanung zu implementieren.
> - Die Vorteilhaftigkeit von Fragenkatalogen; einfach und schnell „Quick-Wins" realisieren.
> - Wie kann Risikomanagement mit einer Risikoinventur durchgeführt werden.

Das Problem zu erkennen ist wichtiger, als die Lösung zu erkennen, denn die genaue Darstellung des Problems führt zur Lösung (…) Wenn ich eine Stunde habe, um ein Problem zu lösen, dann beschäftige ich mich 55 Minuten mit dem Problem und 5 Minuten mit der Lösung. (Albert Einstein)

Dieses Kapitel stellt diverse, zum Teil altbekannte Methoden bereit. Vorab sei angemerkt, dass die zentrale Voraussetzung für jegliche Art der Krisenfrüherkennung die ist, dass man die Augen vor der unsicheren Zukunft nicht verschließt, sondern sich stattdessen ergebnisoffen mit dieser beschäftigt.

Es sei auch vorab angemerkt, dass es nicht generisch beantwortet werden kann, welche der hier aufgeführten Verfahren für das jeweilige Unternehmen passend sind. Vielmehr muss das Krisenfrühwarnsystem auf das spezifische Geschäftsmodell, die Branche, die Unternehmensgröße und diverse weitere Eigenschaften angepasst werden.

Für die in diesem Kap. 3 vorgestellten Methoden sei zunächst eine Analogie vorgestellt, um einen Kritikpunkt an allen Frühwarnmethoden darzustellen. Die frühe Erkennung von Gefahren kennen wir im Gesundheitsbereich sehr gut; der Arztbesuch. So soll ein Arzt Ursachen und Symptome von Krankheiten erkennen, am besten bevor ein Patient ernsthaft erkrankt. Eine frühe Erkennung kann bei manchen Krankheiten lebensrettend sein, da so ausreichend Zeit für Gegenmaßnahmen besteht. Jedoch: Auch ein medizinischer Befund, durch beispielsweise einen medizinischen Test kann falsch sein. In der Statistik wird solch ein Fehler als Alpha-Fehler oder Beta-Fehler bezeichnet. Ein Alpha-Fehler liegt dann vor, wenn eine Methode eine Warnung ausspricht, obwohl de facto kein Problem vorliegt bzw. vorliegen wird. Man spricht in dem Zusammenhang von Spezifität (wie wahrscheinlich ist es, tatsächlich Gesunde fälschlicherweise als „erkrankt" zu bestimmen). Im Rahmen eines Beta-Fehlers konzentriert man sich auf die Sensitivität (wie wahrscheinlich ist es, dass tatsächlich Erkrankte fälschlicherweise als „gesund" bestimmt werden). Hier zeigt sich, dass Untersuchungsmethoden fehlerhaft sein können. Analog dazu, im Kontext der Krisenfrüherkennung, kann es sein, dass eine Methode eine Krise falsch vorhersagt (Alpha-Fehler) oder eine Krise übersieht (Beta-Fehler); keine Methode kann perfekt sein kann.

Die Methoden sollen hier praxisnah erklärt werden, ohne langatmige akademische Ausschweifungen. Entsprechende Vorlagen können von diversen Privatanbietern (KrisenTool) bezogen werden. Auch die Bundesregierung stellt unter www.existenzgruender.de (wenn auch auf knappe Fragenkataloge eingeschränkt) Tools bereit. Zudem können diverse Vorlagen auf der Seite www.risikozweinull.de bezogen werden.

Darüber hinaus hat der Gesetzgeber erkannt, dass insbesondere kleine und mittelständische Unternehmen bei der Implementierung Hilfe benötigen. Dafür hat die Regierung, wie auch schon im StaRUG-Regierungsentwurf hervorgehoben, den subventionierten Zugang zu privaten Beratungsangeboten geschaffen. Das dafür geschaffene Programm „Förderung unternehmerischen Know-hows" fördert anteilig die Inanspruchnahme (ohne Rückzahlung der Förderungssumme) von sogenannten BAFA-Beratern[1] und kann bis Ende 2022 in Anspruch genommen werden.

Es sei hier auch vorab angemerkt, dass der Dokumentation der gewählten Methoden eine besondere Rolle zugesprochen werden kann. Es empfiehlt sich, das Vorgehen zu dokumentieren und auch Protokolle von beispielsweise Workshops zu erstellen. Halten Sie sich vor Augen, dass der Tag kommen kann, an dem Sie anderen Personen (Richter, Gesellschafter oder ggf. Wirtschaftsprüfer) beweisen können wollen, dass Sie Ihre Pflichten eingehalten haben; das auch, um spätere Privathaftungsansprüche abwehren zu können. So ist die Dokumentation derart zu gestalten, dass die Geschäftsführung im Insolvenzfall nachweisen kann, Krisenfrüherkennungsmethoden und bei Krisenerkennung die entsprechenden Gegenmaßnahmen implementiert zu haben und, dass sie somit ihrer Sorgfaltspflicht nachgekommen ist. Der Dokumentation kommt darüber hinaus die Funktion zu, dass dadurch die nachgelagerten Arbeiten – die Umsetzung – vorgeschrieben wird. Zudem kann eine gute Dokumentation auch sicherstellen, dass sich neue Mitarbeiter, bei personeller Fluktuationen, rasch einarbeiten können.

3.1 Kennzahlenanalyse

Kennzahlen und Kennzahlensysteme zählen zu den sogenannten operativen Frühwarnsystemen und sind weit verbreitet in der Anwendung. Diese sind in aller Regel einfach in der Handhabung; ein Großteil der Zahlen sollte leicht verfügbar oder berechenbar sein, bzw. könnte über die elektronische Buchhaltungslösung (z. B. SAP, Datev, LexOffice, WISO, etc.) bezogen werden. Kennzahlen eignen sich, um beispielsweise Veränderungen in den Bilanz- und GuV-Zahlen leicht zu ersehen und liefern Hinweise, denen es im Rahmen einer Ursachenanalyse nachzugehen gilt, um entsprechende Reaktionsstrategien zu entwickeln.

---

[1] Vgl. StaRUG-Regierungsentwurf „Zu Teil 4 (Frühwarnsysteme)".

Es hat eine lange Tradition in der Betriebswirtschaftslehre, Insolvenzprognosen auf Basis von Kennzahlen zu erstellen. Dabei sollen diejenigen Kennzahlen identifiziert werden, welche eine hohe Prognosegüte für eine bevorstehende Krise besitzen. Vor allem bei Banken werden solche Methoden verwendet, um im Rahmen des Ratings Kreditnehmer zu überwachen und so eine Insolvenzfrüherkennung zu implementieren. Es kann auch empfehlenswert sein, die Kennzahlen bewusst zu steuern; so hängen die von der Bank verlangten Zinsen von den Ergebnissen des Ratings ab. Darüber hinaus kann eine Verschlechterung des Ratings direkt in eine Liquiditätskrise führen: denn in diesem Fall ist es denkbar, dass die Bank den Kredit kündigt bzw. die Linie kürzt. Bei der Analyse unternehmenseigener Kennzahlen sollte man daher auch bedenken, dass man diese nicht allein betrachtet.

Das Rating der Hausbank

Mit der Einführung von Basel II im Jahr 2007 ergab sich eine drastische Änderung in der Beziehung zwischen Banken und Unternehmen. So ist seitdem vorgeschrieben, dass Unternehmen von ihrer Bank geratet werden müssen und diese für die Finanzierung von schlechter bewerteten Unternehmen mehr Eigenkapital einstellen muss.

Es ist ein weiter Irrglaube, dass Banken Eigenkapital „vorhalten" oder „zurückstellen" müssen und dass Eigenkapital bei Banken somit „totes Kapital" sei (vgl. Admati und Hellwig 2013). Vielmehr können Banken mit Eigenkapital nach Belieben Posten auf der Aktiv-Seite finanzieren, beispielsweise Kredite vergeben und auch Wertpapiere kaufen. Das Problem am Eigenkapital ist, dass es teurer ist als Fremdkapital: Das Risiko ist für Eigenkapitalgeber höher als für Fremdkapitalgeber, so werden diese in einer Insolvenz nachrangig bedient; daher haben diese eine höhere Renditeforderung.

Unternehmen mit einem schlechten Rating sind daher weniger attraktiv aus Bankensicht und kompensieren dies mit höheren Zinssätzen. Die Ratingsysteme von Banken versuchen daher, auch durch Kennzahlen die Insolvenzwahrscheinlichkeit abzuschätzen. Banken investieren viel Mühe in die Entwicklung und Pflege (Validierung) der Ratingsysteme. Für Externe ist es unklar, wie das Rating funktioniert; es bestünde sonst die Gefahr, dass Kreditnehmer sich gezielt „aufhübschen". Doch auch wenn das genaue Rating unbekannt ist, so ist der grundsätzliche Aufbau meist sehr ähnlich.

Ein Rating-System besteht zumeist aus zwei Teilen: einem Quantitativen und einem Qualitativen Teil. In beiden Teilen wird für einen Kreditnehmer jeweils einen Punktwert ermittelt, der anschließend zusammengefasst und in das unternehmensspezifische Rating überführt wird. Eine Bank hat dabei diverse Ratingklassen, in welche die Kreditnehmer – basierend auf der Gesamtpunktzahl – eingeordnet werden.

Bei der quantitativen Berechnung werden Kennzahlen aus dem Jahresabschluss benutzt. Typischerweise fließen hier die Eigenkapitalquote, die liquiden Mittel, Umsatzerlöse, die jeweilige Branche, EBIT, Gesamtkapitalrendite, dynamischer Verschuldungsgrad und viele weitere Kennzahlen ein. Ist ein Kreditnehmer bereits Kunde einer Bank (und wurde somit im initialen „Antragsrating" als Kunde akzeptiert), so fließen auch Verhaltenskennzahlen (Zahlungsverhalten, Auslastung des Limits, Anzahl der Rücklastschriften) in den quantitativen Part ein.

Neben den harten Fakten im Rahmen des quantitativen Parts fließen im qualitativen Part interpretative Faktoren ein. Hier wird durch die Bank beispielsweise die Managementqualität (Berufserfahrung der Geschäftsführung, Qualität des Controllings, Interne Kontrollsysteme, Risikomanagement, etc.), die Empfindlichkeit in Bezug auf Risiken (Konjunkturschwankungen, Zinsänderungsrisiken, Personalrisiken, Reputationsrisiken, Risiken durch unzureichende Frühaufklärung, etc.) die Zukunft des Unternehmens (Marktwachstum, Entwicklung des Marktanteils, etc.), die Attraktivität des Geschäftsmodells (Wettbewerbsintensität, Verhandlungsmacht der Kunden und Lieferanten, Gefahr durch Substitutionsprodukte, etc.) und unter anderem auch die Qualität der Bankbeziehung eingeschätzt (vgl. Füser und Gleißner 2014).

Mit statistischen Verfahren (multivariate logistische Regressionsanalyse, Diskriminanzanalyse, etc.) kann die Bank auf Daten der Vergangenheit einschätzen, wie wichtig die einzelnen Faktoren für die Prognose eines möglichen Ausfalls (vgl. Artikel 178 CRR) sind.[2] Das Rating der Bank soll so weitestgehend objektiv sein.

Aus Unternehmenssicht kann es insbesondere für Unternehmen mit viel Fremdkapital empfehlenswert sein, das Rating bei der Bank aktiv zu beeinflussen, um den Zinsaufwand zu senken; beispielsweise durch Implementierung einer Krisenfrüherkennung und eines Risikomanagements. Diese Information sollte dann der Bank prominent dargestellt werden.

---

[2] Die CRR (Capital Requirement Regulation bzw. Kapitaladäquanzverordnung) ist eine EU-Verordnung, welche Banken Vorschriften über die Eigenkapitalausstattung macht.

Es existieren sehr viele diverse Kennzahlen und in der Praxis ist beobachtbar, dass sich die Geschäftsführung auf zu viele Kennzahlen gleichzeitig konzentriert. Es ist daher zielführend, wieder in Abhängigkeit vom jeweiligen Unternehmen, die zentralen Kennzahle zu identifizieren, um den Blick auf das Wesentliche nicht zu verlieren. Im Folgenden werden ausgewählte Kennzahlen vorgestellt, welche sich insbesondere für die Krisenfrüherkennung eignen. Diese hier aufgeführten Kennzahlen müssen auch häufig im Rahmen der Einhaltung von „Financial Covenants" vom Unternehmen an die Bank gemeldet werden; es empfiehlt sich, diese mit großer Aufmerksamkeit zu beobachten. Ein Verstoß gegen die Covenants kann schnell empfindliche Folgen nach sich ziehen. Für weitere Kennzahlen sei auf die umfangreiche Literatur verwiesen (z. B. Wöhe et al. 2020).

Die vielleicht wichtigste Kennzahl ist die Eigenkapitalquote. Diese gibt an, wie viel Prozent der Bilanzsumme mit Eigenkapital finanziert wurde.

Eigenkapitalquote: $EKQ = \dfrac{\text{Eigenkapital}}{\text{Bilanzsumme}}$

Die Eigenkapitalquote ist ein wichtiges Maß für die Sicherheit eines Unternehmens. Denn Eigenkapital dient als Risikopuffer: Der Wert der einzelnen Posten auf der Aktiv-Seite der Bilanz wird durch Anwendung von Rechnungslegungsvorschriften (HGB, IFRS) bestimmt. Auf der Passivseite steht, woher die Mittel zur Finanzierung der Aktivseite kommen. Das Fremdkapital ist ein Posten, der präzise bestimmt werden kann (Verträge mit den Banken). Das Eigenkapital ist die Differenz zwischen Wert der kompletten Aktivseite abzüglich des Fremdkapitals auf der Passivseite. Eingefahrene Verluste schmälern die Werte auf der Aktivseite und demnach auch das Eigenkapital. Ist das Eigenkapital aufgebraucht, so hat das Unternehmen weniger Wert auf der Aktivseite als es Schulden (Fremdkapital) hat; damit liegt der Insolvenzgrund „Überschuldung" nach § 19 InsO vor. Deutsche Unternehmen haben hier typischerweise eine EKQ von 30 %. Ein Wert darunter kann als deutliches Warnsignal gesehen werden, wobei es natürlich auf die Branche ankommt. Werte unter 20 % sind bei Finanzinstituten noch recht normal und sehr häufig. Insbesondere ist hier die zeitliche Veränderung der EKQ zu betrachten und der Frage nachzugehen, wieso genau eine Verschlechterung eingetreten ist. Denkbar wäre hier auch, dass neue Darlehen die Bilanzsumme erhöht haben oder – der schlimmere Fall – dass Verluste für ein geringeres Eigenkapital verantwortlich sind.

Neben der bilanziellen Überschuldung ist auch die Zahlungsunfähigkeit ein Insolvenzgrund (§ 17 und § 18 InsO), aus diesem Grund ist es hilfreich, solche Kennzahlen zu beachten, welche auf die Zahlungsverpflichtungen einzugehen. Der Zinsdeckungsgrad soll beispielsweise den Zinsaufwand ins Verhältnis zum operativen Ergebnis beschreiben.

Zinsdeckungsgrad: $ZDG = \dfrac{\text{EBITDA}}{\text{Zinsaufwand}}$

Der Zinsdeckungsgrad hat im Zähler das operative Ergebnis vor Zinsen, Steuern und Abschreibungen auf Sachanlagen und auf immaterielle Vermögenswerte (EBITDA: Earnings before interest, taxes, depreciation and amortisation). Abschreibungen werden nicht berücksichtigt, da diese nicht zahlungswirksam sind und somit auch nicht die Liquidität beeinflussen. Im Nenner steht der Zinsaufwand, Tilgungszahlungen werden hier nicht berücksichtigt. Die Division der beiden Kennzahlen zeigt daher, wie gut ein Unternehmen die Zinsen bezahlen kann. Eine Zahl von beispielsweise 3 hätte die Interpretation, dass ein Unternehmen mit dem jährlichen operativen Cashflow dreimal den kompletten Zinsaufwand stemmen könnte. Ein niedriger Wert zeigt an, dass es für das Unternehmen schwierig ist, Kredite zu bedienen. Diese Zahl sollte immer größer als 1 sein, da ein Unternehmen sonst per Definition zum „Zombie-Unternehmen" wird (vgl. Abschn. 2.4). Wenn der ZDG im Zeitverlauf fällt, so kann ein steigender Zinsaufwand und/oder ein sinkendes EBITDA dafür verantwortlich sein. Ein steigender Zinsaufwand kann durch ein gestiegenes Volumen an Fremdkapital oder durch höhere Zinsen verursacht werden. Ein sinkendes EBITDA wird vor allem durch einen geringeren Umsatz und niedrigere Margen verursacht.

Alternativ zum EBITDA könnte auch die Kennzahl EBIT benutzt werden. Im Gegensatz zum EBITDA wird dadurch unterstellt, dass Abschreibungen (auf Sachanlagen und immaterielle Vermögenswerte) auch Investitionen mit sich ziehen, die irgendwann zur Ersatzbeschaffung notwendig werden.

Statt sich nur auf den Zinsaufwand zu konzentrieren, ist es auch möglich, die gesamten Finanzverbindlichkeiten (also Zinsen und Tilgung) zu fokussieren und den Nettoverschuldungsgrad zu berechnen. Dieser sagt aus, wie viel Jahre ein Unternehmen brauchen würde, um alle Finanzverbindlichkeiten zu bezahlen.

Nettoverschuldungsgrad: $NVG = \dfrac{\text{Nettoverschuldung}}{\text{EBITDA}}$

Ebenfalls auf die Verschuldung konzentriert sich der Dynamische Verschuldungsgrad:

Dynamischer EBITDA-Verschuldungsgrad:

$DVG = \dfrac{\text{Verbindlichkeiten} - \text{liquide Mittel}}{\text{EBITDA}}$

Der DVG berechnet damit den Zeitraum, den ein Unternehmen benötigen würde, um die Verbindlichkeiten mit den Cash-Flows zu begleichen. Kleinere Zahlen sind aus Krisensicht daher besser. Sollten sich die Verbindlichkeiten erhöhen und/oder der Cash-Flow und die liquiden Mittel verringern (alle drei Veränderungen sind typische Anzeichen einer Unternehmenskrise), dann kann der DVG schnell steigen. Ein Wert von unter drei Jahren gilt als normal. Höhere Werte sollten plausibilisiert werden.

Eine weitere Kennzahl, die Krisen frühzeitig erkennen lässt, ist die Gesamtkapitalrendite, Diese gibt an, wie profitabel ein Unternehmen im Verhältnis zur Bilanzsumme ist. Man kann damit auch messen, wie effizient ein Unternehmen die Vermögenswerte (Aktiv-Seite) einsetzt, um Gewinn zu erwirtschaften. Ein Vergleich mit Unternehmen der eigenen Branche kann daher besonders aufschlussreich sein.

Gesamtkapitalrendite:

$GKR = \dfrac{\text{Jahresüberschuss} + \text{Fremdkapitalzinsen}}{\text{Bilanzsumme}}$

Im Gegensatz zur Eigenkapitalrendite, welche im Zähler lediglich das Eigenkapital hat, wird hier das gesamte Kapital verwendet. Im deutschen Mittelstand sind Werte von um die 10 % normal. Der Fokus sollte aber nicht auf absolute Zahlen gelegt werden, sondern vor allem auch auf die zeitlichen Veränderungen; verschlechtert sich dieser Wert im Zeitverlauf, so ist den Gründen dafür nachzugehen.

Für Unternehmen ist es wichtig, den Break-even Punkt deutlich zu überschreiten. Mit dem Sicherheitsgrad kann der Puffer bzw. Sicherheitsabstand berechnet werden, also um wieviel Prozent der Umsatz sinken dürfte, bis der Break-even Punkt erreicht ist und man demnach bei weiterem Umsatzrückgang in die Verlustzone abrutscht.

Sicherheitsgrad: $SG = \dfrac{(\text{Umsatz} - \text{Break} - \text{even} - \text{Umsatz})}{\text{Umsatz}}$

Diese Zahl wird immer zwischen 0 und 1 liegen, da der Zähler immer kleiner als der Nenner sein wird. Es ist schwierig, bei dieser Kennzahl Schwellenwerte festzulegen; ein rückgängiger Sicherheitsgrad, vor allem wenn dieser Rückgang konsistent über einen längeren Zeitraum beobachtet werden kann und demnach keine normale Schwankung ist, ist als Alarmzeichen zu werten.

In Bezug auf den Umsatz ist kann auch die Frage gestellt werden, wie viel von dem Umsatz tatsächlich als Gewinn zu werten ist. Dieser Frage geht die Umsatzrendite nach:

Umsatzrendite: $UR = \dfrac{EBT}{Umsatz}$

Zur Berechnung wird die EBT (Earnings before taxes, Profite vor Steuern) gewählt. Die Umsatzrendite sagt aus, wieviel Gewinn mit einem Euro Umsatz erzielt wurde. Eine rückläufige Produktivität, welche schlussendlich zu einer Krise führt, kann dadurch erkannt werden. Die Warnschwelle ist stark branchenabhängig, generell kann aber gesagt werden, dass eine Umsatzrendite von unter 5 % ein deutliches Signal ist. Viele Unternehmen die Insolvenz anmelden haben zuletzt eine Umsatzrendite von unter 2 %.

Die bisher vorgestellten Kennzahlen sind sogenannte Verhältniskennzahlen, diese setzen mindestens zwei verschiedene Werte in Relation zueinander. Es sollten aber auch absolute Zahlen betrachtet werden. So empfiehlt sich, auch die Auslastung der Kontokorrentlinie, die Anzahl der Mitarbeiter, die monatlichen fixen und variablen Kosten zu beobachten.

In Tab. 3.1 wird exemplarisch gezeigt, wie Kennzahlen erfasst werden können. Die dort gezeigte Analyse ist auf Monatsbasis; welche Zeiträume

Tab. 3.1 Beispielhafte Kennzahlenanalyse

Krisen-Tool: Kennzahlen	Vorjahre			Bisheriger Jahresverlauf 2022	Prognose (Wird) 2022	Vorgabe (Soll) Jahr	Vorgabe (Soll) Monat	Warnschwelle	Jan. 22	Feb. 22	Mrz. 22
	2019	2020	2021								
Gewinne vor Steuern (EBT)	820 T€	830 T€	750 T€	236 T€	960 T€	900 T€	75 T€	70 T€	80 T€	82 T€	…
Eigenkapitalrentabilität											
Gesamtkapitalrentabilität											
Dynamischer Verschuldungsgrad											
Umsatzrendite											
Anzahl der Mitarbeiter											
Anzahl der Kunden											
Eigenkapitalquote											
Auslastung der Kontokorrentlinie											
Monatliche Fixkosten											
Monatliche variable Kosten											

3 Methoden der Krisenfrüherkennung

- Monatlicher Deckungsbeitrag
- Entschuldungsdauer
- EBIT-Zinsdeckung
- Working Capital
- Überwachung Covenant 1
- Überwachung Covenant 2
- Überwachung Covenant 3
- Kapitalbindungsdauer
- Anlagendeckung
- Personalaufwandsquote
- Zinsdeckungsquote

zu betrachten sind (alternativ Quartale) muss in Abhängigkeit vom Unternehmen bestimmt werden. Bei kürzeren Zeiträumen fallen Abweichungen schneller auf, längere Zeiträume haben jedoch den Vorteil, dass der mit der Erstellung des Zahlenwerks verbundene Aufwand geringer ist. Bei manchen, vor allem kleineren Unternehmen ist es ggf. nicht möglich auf kleinere Zeiträume als Quartale zu gehen, da die Zahlen schlichtweg nicht verfügbar sind.

Negative Veränderungen weisen auf eine mögliche Krise hin und fallen bei Vergleichen und den anschließenden Abweichungsanalysen auf, die folgenden Vergleiche bieten sich dabei an.

a. **Vergleich mit den letzten Monaten:** Sehen Sie einen negativen Trend? Dann könnte das ein Hinweis auf eine Krise sein. Vielleicht sind Veränderungen innerhalb der letzten Monate aber auch auf saisonale Effekte zurückzuführen.
b. **Vergleich mit dem gleichen Monat in den Vorjahren:** Durch diese Perspektive können saisonale Schwankungen herausgenommen werden. Wenn sich die Zahlen verschlechtert haben, fragen Sie nach den Gründen und ob diese auf Einmaleffekte zurückzuführen sind oder ob eine Situation vorliegt, die sich vielleicht noch verschlimmern könnte.
c. **Abweichungsanalysen (Soll/Ist):** Wenn es Planabweichungen gibt, dann gehen Sie den Ursachen auf den Grund. Jede Planabweichung muss durch ein Risiko verursacht worden sein und muss ggf. in das Risikoinventar (Abschn. 3.7) aufgenommen werden.
d. **Betrachtung von Prognosen („Soll-Wird"):** Bei negativen Abweichungen gehen Sie auch hier der Frage nach, warum Sie Ihre gesetzten Ziele nicht erreichen konnten. Hierbei sei angemerkt, dass vor allem diese Hochrechnungen einen Frühaufklärungscharakter besitzen.
e. **Vergleich mit üblichen Werten ihrer Branche:** Orientieren Sie sich an Ihren Wettbewerbern. Generische Vorgaben können hier schlecht abgegeben werden, da die Kennzahlen nur anhand Ihres Geschäftsmodells beurteilt werden können.

Es bietet sich auch an, die Kennzahlen in einem Diagramm im zeitlichen Verlauf darzustellen, Veränderungen fallen dabei schneller auf. Dabei sei angemerkt, dass die Skalierung der Y-Achse aufmerksam zu beachten ist. Sachverhalte, wie beispielsweise ein Rückgang des Umsatzes von 800.000 € auf 750.000 € können bei einer weiten Skalierung (Umsatz von 0–1 Millionen) wenig dramatisch aussehen und bei einer engen Skalierung (600.000–900.000) hingegen sehr wohl dramatisch aussehen. Viele Programme skalieren die Achse automatisch (z. B. Tabellenkalkulationsprogramme wie Microsoft Excel) und können daher die Interpretation verzerren.

Kennzahlen können auch kombiniert werden, um eine aggregierte Sichtweise auf das Unternehmen zu bekommen. In der Praxis werden solche Verfahren seit mindestens 1968 angewendet; das erste und sehr bekannte Verfahren ist der „Altman-Z-Score". Dieses Verfahren soll einen sogenannten Z-Wert berechnen, der einem Unternehmensrating gleichen soll. Es existieren diverse Berechnungsmöglichkeiten, die hier vorgestellte Version basiert auf Edward Altman (2013) und wurde für nicht börsennotierte Unternehmen entwickelt:

$$Z' = 0{,}717 \cdot X_1 + 0{,}847 \cdot X_2 + 3{,}107 \cdot X_3 + 0{,}42 \cdot X_4 + 0{,}998 \cdot X_5$$

wobei

$$X_1 = \frac{\text{Umlaufvermögen} - \text{kurzfristige Verbdinlichkeiten}}{\text{Bilanzsumme}}$$

$$X_2 = \frac{\text{Einbehaltene Gewinne}}{\text{Bilanzsumme}}$$

$$X_3 = \frac{\text{EBIT}}{\text{Bilanzsumme}}$$

$$X_4 = \frac{\text{Buchwert Eigenkapital}}{\text{Bilanzsumme}}$$

$$X_3 = \frac{\text{Umsatz}}{\text{Bilanzsumme}}$$

Dabei gilt, dass ein niedriger Z'-Score eine höhere Insolvenzwahrscheinlichkeit andeutet. Bei Werten von über 3 kann man annehmen, dass eine Insolvenz in naher Zeit nicht sehr wahrscheinlich ist und das Unternehmen ein A-Rating oder besser haben würde. Es sei jedoch darauf hingewiesen, dass diese Zahlen nicht hart interpretierbar sind, da die Gewichte nicht für jede Branche allgemein gültig sind.

Aus Risikomanagement-Sicht wäre es sehr wünschenswert (bzw. wird durch diverse Interpretationen des KonTraG gefordert), den Fokus insbesondere auf die beiden Kennzahlen „Risikoumfang" (berechnet mit der Methode „Value at Risk") und „Risikotragfähigkeit" zu legen und dabei insbesondere auf den Vergleich der beiden Zahlen. Diese Methode ist aufwendiger, da insbesondere die Kennzahl „Risikoumfang" dem Unternehmen nicht direkt vorliegt. Die Methodik dazu wird in Abschn. 3.7 vorgestellt.

Es ist abschließend darauf hinzuweisen, dass Kennzahlen nicht perfekt für die Krisenfrüherkennung geeignet sind, diese vielleicht sogar eher als Spätwarnindikatoren zu bezeichnen sind (Krystek und Müller-Stewens 1993). Bei den Kennzahlen wird nämlich oft bemängelt, dass sie lediglich bereits eingetretene Probleme signalisieren, welche sich zeitverzögert in den Kennzahlen bemerkbar machen. Der Frühwarncharakter von Kennzahlen ist daher eher begrenzt und es ist empfehlenswert, sich nicht auf Kennzahlen allein zu verlassen.

3.2 Liquiditätsplanung

> Sparmaßnahmen muss man dann ergreifen, wenn man viel Geld verdient. Sobald man in den roten Zahlen ist, ist es zu spät. (Jean Paul Getty)

Im Abschn. 2.2 wurden die einzelnen Phasen eine Unternehmenskrise dargestellt. Dabei wurde auch erwähnt, dass die Geschäftsführung eine Krise meist erst in der letzten Phase, der Liquiditätskrise, erkennt. Die Liquiditätsplanung hat auch aufgrund der Insolvenzgründe § 17 „Zahlungsunfähigkeit" bzw. § 18 „Drohende Zahlungsunfähigkeit" eine besondere Bedeutung. Wird eine solche Zahlungsunfähigkeit nicht rechtzeitig erkannt, können daraus Haftungsfolgen für die Geschäftsführung abgeleitet werden. Die Liquiditätsplanung dient zum einen der Sicherstellung der Zahlungsfähigkeit und zum anderen der frühen Entdeckung von Liquiditätsengpässen. Hier werden zwei Arten vorgestellt, wie die Liquidität überwacht werden kann: a) Liquiditätsübersicht mittels Kennzahlen und b) Liquiditätsplanung mittels Zahlungsströmen.

Die Liquiditätsübersicht mittels Kennzahlen ist ein sehr einfaches Verfahren und konzentriert sich ausschließlich auf bilanzielle Größen. Die Bilanz ist bereits derart aufgebaut, dass eine Liquiditätsstruktur vorhanden ist: auf der Aktiv-Seite sind die Posten nach der Möglichkeit geordnet, wie schnell diese in Liquidität umgewandelt werden können. Die Passiv Seite hingegen zeigt, wie zeitnah die Zahlungen fällig sind. Diese Liquiditäts-Perspektive über Kennzahlen soll als Augenblickaufnahme verdeutlichen, wie gut das Unternehmen die kurzfristig anfallenden Verbindlichkeiten durch die eigenen Mittel bedienen kann. Dabei sind die folgenden drei Liquiditätsgrade sehr prominent:

$$\text{Liquidität 1.Grades} = \frac{\text{Flüssige Mittel}}{\text{Kurzfristige Verbindlichkeiten}} \cdot 100$$

Als flüssige Mittel sind dabei das Bankguthaben, sonstige (kurzfristig veräußerbare) Wertpapiere und Kasse zu nennen. Die kurzfristigen Verbindlichkeiten sind alle Verbindlichkeiten mit einer Laufzeit von bis zu einem Jahr (beispielsweise Zahlungen an die Bank, Verbindlichkeiten aus Lieferung und Leistung, Rückstellungen, etc.). Die Interpretation ist, zu welchem Prozentsatz die eigenen Mittel ausreichen, um die Verbindlichkeiten zu bedienen. In der Literatur wird häufig empfohlen, einen Wert von um die 50 % als empfehlenswert zu betrachten (Gruber und Heesen 2018); höhere Werte sind zwar aus Liquiditätssicht wünschenswert, aus Rendite-Perspektive jedoch eher nicht.

Die Liquidität 1. Grades berücksichtigt nicht, dass ein Unternehmen selbst kurzfristige Forderungen besitzt, welche die Liquidität bei Eingang erhöhen. Die Liquidität 2. Grades berücksichtigt diese zeitnahen Geldeingänge und erweitert die flüssigen Mittel um Positionen wie Forderungen aus Lieferung und Leistung und Wertpapiere des Umlaufvermögens, die ebenfalls zeitnah verkauft werden können.

$$\text{Liquidität 2.Grades} = \frac{\text{Flüssige Mittel} + \text{Kurzfristige Forderungen}}{\text{Kurzfristige Verbindlichkeiten}} \cdot 100$$

Es wird empfohlen, dass diese Kennzahl zwischen 100 % und 120 % liegen sollte (vgl. Gruber und Heesen 2018). Das Unternehmen sollte demnach in der Lage sein, die Verbindlichkeiten durch vorhandene (flüssige Mittel) und zeitnah eintreffende Zahlungen (Forderungen) zu decken, ohne weitere Aktiva (mit Ausnahme von Wertpapieren) zu verkaufen. Ggf. sollte ein Puffer eingebaut werden (z. B. die besagten 120 %), da die kurzfristigen Forderungen nicht mit absoluter Sicherheit eintreten werden oder ein schlechtes Forderungsmanagement und schlechte Zahlungsmoral der Kunden zu Zahlungsverzögerungen führen können.

Sollte die Liquidität nicht ausreichen, so kann ein Unternehmen die eigenen Vorräte verkaufen, wobei zu berücksichtigen ist, dass dabei Wertabschläge oder sonstige Kosten die tatsächlichen liquiden Eingänge schmälern können. Diese Vorräte werden in der Liquidität 3. Grades berücksichtigt.

$$\text{Liquidität 3.Grades} = \frac{\text{Flüssige Mittel} + \text{Kurzfristige Forderungen} + \text{Vorräte}}{\text{Kurzfristige Verbindlichkeiten}} \cdot 100$$

Das Problem dieser Liquiditätsgrade ist der fehlende Blick in die Zukunft, da diese ausschließlich auf bereits bekannten und in der Bilanz vermerkten Positionen besteht. Diese können daher das Risiko einer Zahlungsunfähigkeit nicht vollkommen abbilden. Darüber hinaus sind die Bilanzpositionen nicht tagesaktuell und mit Unsicherheit behaftet und eventuelle vorhandene Linien bei der Bank, die kurzfristig gezogen werden können, fließen ebenfalls nicht in die Berechnung ein. Es ist jedoch positiv anzumerken, dass ein Unternehmen für diese Kennzahlen Schwellenwerte festlegen kann, bei deren Unterschreitung eine Eskalation losgestoßen wird.

Um diese Probleme zu umgehen, sollte eine Liquiditätsplanung eingeführt werden, welche wie in Tab. 3.2 die geschätzten Einzahlungen und Auszahlungen gegenüberstellt.

Tab. 3.2 Beispielhafte Liquiditätsplanung

Krisen-Tool: Liquiditätsplanung	Januar 22	Februar 22	März 22	April 22	Mai 22	Juni 22	...
Liquide Mittel Anfang							
Einzahlungen							
Einnahmen Quelle 1							
Einnahmen Quelle 2							
...							
Einnahme Quelle k							
Summe der Einzahlungen							
Auszahlungen							
Auszahlung 1							
Auszahlung 2							
...							
Auszahlung n							
Summe der Auszahlungen							
Differenz							
Simulierte Shocks/Sicherheitspuffer							
Liquide Mittel Ende							
Kreditlinie							
Summe Liquide Mittel							

Als Einzahlungen werden die Umsätze, sonstige Einnahmen und beispielsweise Steuererstattungen, Privateinlagen und auch Auszahlungen von Krediten und Darlehen behandelt. Als Auszahlung werden Zahlungen an Zulieferer, Ausgaben für Anschaffungen, Reisekosten, Privatentnahmen, Zahlungen an die Bank, Steuerzahlungen und auch Zahlungen an Rechtsanwälte und Beratungsunternehmen erfasst. Generell sind sämtliche liquiditätswirksamen Vorgänge zu beachten. Von den liquiden Mitteln am Anfang der Periode wird dann die Differenz der Ein- und Auszahlung abgezogen (bzw. addiert). Als Resultat ergeben sich die liquiden Mittel am Ende der Periode. Zusammen mit der Kreditlinie bei der Hausbank (oder sonstigen kurzfristig verfügbaren liquiden Mitteln) ergibt sich damit die Summe der möglichen liquiden Mittel. Diese sollte mit ausreichendem Puffer für alle Perioden immer positiv sein. Ansonsten ist es zwingend notwendig, weitere Maßnahmen zur Sicherstellung der Liquidität zu unternehmen.

Der Zeithorizont der Liquiditätsplanung sollte rollierend sein und sich auf die nächsten 24 Monate erstrecken. Die 24 Monate werden explizit durch die neue Fassung vom § 18 InsO vorgeschrieben („In aller Regel ist ein Prognosezeitraum von 24 Monaten zugrunde zu legen"). Dabei sollten zumindest für das nächste Halbjahr die Zahlen detailliert ermittelt und für die Folgemonate Schätzungen vorgenommen werden. Die in Tab. 3.2 aufgezeigte Vorlage ist auf Monatsbasis. In Abhängigkeit von Unternehmen kann es aber auch sinnvoll sein, die Planung auch auf Tages- oder Wochensicht durchführen. Insbesondere bei Unternehmen, deren Liquiditätslage angespannt ist, empfiehlt es sich, auf kleinere Zeiträume überzugehen.

Bei den Schätzungen ist zu beachten, dass zukünftige Zahlungen nicht genau prognostiziert werden können, da zu viele Unsicherheiten einfließen. Es empfiehlt sich daher, einen Puffer zu implementieren oder im Rahmen einer Simulationsanalyse (vgl. Abschn. 3.7) eine umfassendere Sichtweise auf die Unsicherheiten einzunehmen. Denn mit großer Wahrscheinlichkeit werden Risiken in der Zukunft „schlagend werden" und dann Zahlungsströme verursachen, auch wenn aus heutiger Sicht unklar ist, wann und in welcher Höhe diese eintreten werden. Es ist daher sinnvoll, sich mit solchen Risiken auseinanderzusetzen und diese im Rahmen einer Risikoinventur (siehe Abschn. 3.7) auch für die

Liquiditätsplanung zu berücksichtigen. Als Beispiel sei hier der Ausfall einer Maschine genannt oder ein Kunde, der seinen Zahlungsverpflichtungen nicht nachkommt. Neben solchen offensichtlichen möglichen Problemen gibt es aber auch versteckte Probleme, welche die Auszahlungen verändern können. So ist es beispielsweise möglich, dass sich der Zinsaufwand durch eine Leitzinserhöhung oder durch eine Verschlechterung der Bonität des Unternehmens erhöht; typischerweise haben Banken Zinsänderungsklauseln im Vertrag implementiert, so dass der Kreditzins von der Bonität des Unternehmens abhängig ist (siehe Abschn. 3.7).

Manche Zahlungen sind konstant und leicht planbar, wie beispielsweise Gehaltszahlungen und der Arbeitgeberanteil der Sozialversicherung oder Vertragszahlungen wie beispielsweise Annuitäten an die Hausbank. Zahlungen an Lieferanten und Rohstoffpreise, insbesondere in Fremdwährung sind unsicherer. Eine Möglichkeit ist es, Daten der Vergangenheit zu untersuchen und durch beispielsweise das arithmetische Mittel und der Standardabweichung den bisherigen Verlauf zu analysieren. Auch eine Betrachtung der Perzentile kann hilfreich sein, um einen ausreichenden Puffer einzubauen. Diese Puffer müssen nicht zwingend durch tatsächlich bereits im Unternehmen vorhandene liquide Mittel zur Verfügung stehen; es kann eine mögliche Inanspruchnahme einer von der Bank bereits zugesagten Kreditzusage bzw. Kontokorrentkredite zur Überbrückung von Liquiditätsengpässen reichen. Beachten Sie aber bitte auch, dass die Bank diese Kreditzusage jederzeit und ohne Angabe von Gründen streichen kann. Das wird insbesondere dann der Fall sein, wenn der Bank Hinweise vorliegen, dass sich das jeweilige Unternehmen bereits in Schwierigkeiten befindet. Aufgrund seiner Wichtigkeit für die Unternehmensliquidität und seinem enormen Vernichtungspotenzial sei daher der Absatz (1) des § 490 BGB „Außerordentliches Kündigungsrecht" erwähnt.

§ 490 Außerordentliches Kündigungsrecht

(1) Wenn in den Vermögensverhältnissen des Darlehensnehmers oder in der Werthaltigkeit einer für das Darlehen gestellten Sicherheit eine wesentliche Verschlechterung eintritt oder einzutreten droht, durch

die die Rückzahlung des Darlehens, auch unter Verwertung der Sicherheit, gefährdet wird, kann der Darlehensgeber den Darlehensvertrag vor Auszahlung des Darlehens im Zweifel stets, nach Auszahlung nur in der Regel fristlos kündigen.

Generell sei hier angemerkt, dass die Streichung einer Kreditzusage ein sehr deutlicher Indikator für eine Krise und vielmehr noch, häufig Grund für eine Insolvenzanmeldung ist. Dies verdeutlicht erneut die Wichtigkeit einer einwandfreien Bonität und sehr guten Beziehung zu der Bank. Von Banken werden vermehrt Vertragsklauseln und Pflichten in Kreditverträgen, sogenannte Covenants, mit Unternehmen vereinbart. Diese Covenants können als zwingend einzuhaltende Zusicherungen des Kreditnehmers verstanden werden und verpflichten diesen, bestimmte Finanzkennzahlen (z. B. Eigenkapitalquote, Verschuldungsgrad, etc.) einzuhalten oder bestimmte Aktionen zu unternehmen oder zu unterlassen (Non-Financial Covenants). Banken verlangen diese Covenants aus zwei Gründen: um eine Unternehmenskrise frühzeitig zu erkennen und um das Risiko eines Kreditausfalls zu mindern.

3.3 Indikatorenbasierte Früherkennung

Ein Indikator ist ein Vorbote von zukünftigen Problemen. Indikatoren sollen Anzeichen für eine bestimmte Entwicklung geben, wenn die jeweilige Entwicklung selbst nicht einfach zu beobachten ist. Daher können Indikatoren als Alarm-Signale dienen, die auf latente (vorhandene, aber noch nicht in Erscheinung getretene) Krisen hinweisen sollen. Dabei ist der Indikator an sich häufig nicht von Interesse, sondern vielmehr das Indikandum (der Sachverhalt bzw. das Problem, der mittels Indikatoren angezeigt werden soll). Als Beispiel sei hier der Vogel von Bergleuten genannt, der auf schädliche Gase hindeuten soll. Da die Lunge von Vögeln anders funktioniert, sterben Vögel schon bei kleinen Mengen von beispielsweise Kohlenmonoxid. Ein umfallender Vogel kann daher ein Indikator für ein ernsthaftes Problem (Indikandum: Luftvergiftung) und somit als effektive Frühwarnung dienen.

Indikatoren können danach unterschieden werden, ob sie a) bereits geschehene Ereignisse anzeigen (Präsenzindikatoren) oder b) bald eintretende Ereignisse anzeigen (Frühindikatoren) oder c) im Nachhinein darauf hinweisen, dass eine Entwicklung stattgefunden hat (Spätindikatoren). In unserem Interesse sind vor allem die Frühindikatoren; sie sollen uns zeitnah fortschreitende Entwicklungen anzeigen, uns dadurch in Alarmbereitschaft.

Die Qualität eines Indikators ist dann gut, wenn der Zusammenhang zwischen dem Indikator und dem Indikandum gut verstanden ist. Zudem müssen die beiden Größen eine stabile Korrelation aufweisen, die man beispielsweise durch eine Zeitreihenanalyse aufdecken kann. Auch die im vorigen Kapitel genannten Kennzahlen könnten als Indikator dienen, wenn Sie in der Lage sind, latente Entwicklungen aufzudecken. Typischerweise sind Kennzahlen, wie bereits oben kritisiert, jedoch eher als Spätindikatoren anzusehen.

Bei der Entwicklung von Indikatoren mit hoher Prognosefähigkeit ist vor allem Kreativität gefragt. Ein paar Beispiele für kreative Überlegungen:

- Das Verlangen eines vorzeitigen Führungszeugnisses, kann als Indikator dafür dienen, dass ein Schlüsselmitarbeiter auf Jobsuche ist und das Unternehmen bald verlassen wird.
- Das Desinteresse eines Gesellschafters, z. B. das Fernhalten von Meetings, kann ankündigen, dass dieser bald aussteigen wird.
- Die Ankündigung einer Zentralbank, dass die Anleihekäufe zeitnah zurückgefahren werden, ist ein Indikator für einen steigenden Zinsaufwand.
- Absonderliche Geräusche einer Maschine signalisieren einen zeitnahen Ausfall der Maschine und sind damit ein Indikator für eine Betriebsunterbrechung.
- Auftragseingänge im Unternehmen sind ein Indikator für den zukünftigen Umsatz.
- Der IFO-Geschäftsklima-Index ist ein Indikator für die zukünftige konjunkturelle Entwicklung und damit für den Umsatz.
- Der Schufa-Score eines wichtigen Kunden ist ein Indikator für die Fähigkeit dessen, die abgenommenen Waren in Zukunft bezahlen zu können.

Bei der Identifikation von Indikatoren, bietet es sich an, die Wirkungsketten zu untersuchen. Man geht von einem Problem oder einer Krise aus und fragt sich, welche Ereignisse vorgelagert stattfinden werden.

Bei der Überwachung der Indikatoren muss man sich im Vorfeld fragen, wann eine Veränderung das Management informieren bzw. die Aufmerksamkeit auf sich ziehen sollte. Dazu werden typischerweise Toleranzgrenzen definiert, wobei sich die beiden bereits genannten Alpha- und Beta-Fehler einschleichen können. Bei einem Alpha-Fehler schlägt ein Indikator an und es stellt sich später als Fehlalarm heraus. Die Folge wären verschwendete Zeit und Gedanken. Bei einem Beta-Fehler ist ein Indikator falsch oder zu weich eingestellt und übersieht ein Krisensignal. Die Folge ist, dass sich die Problematik weiter verschärft und somit Zeit für Gegenmaßnahmen verloren geht. Wenn die Toleranzgrenzen eher hoch eingestellt sind, dann ist die Wahrscheinlichkeit für einen Beta-Fehler erhöht; solche weichen Grenzen drücken dann auch die Risikoeinstellung der Person dahinter aus. Eine sehr straffe Grenze erhöht den Alpha-Fehler; diese Wahl wird eher von risikoaversen Personen gewählt. Es ist davon auszugehen, dass die Toleranzgrenzen mit zunehmender Erfahrung vom Management angepasst werden.

Wenn ein Indikator Alarm schlägt, dann muss eine Ursachenanalyse folgen. Hat der Indikator seinen Wert verändert, weil im Hintergrund das nicht direkt beobachtbare Problem seinen Lauf nimmt oder gibt es andere, für das Unternehmen nicht bedeutende Ursachen? Im Bergbau-Vogel-Beispiel hätte es auch sein können, dass der Vogel an Altersschwäche gestorben ist oder einen Stein auf den Kopf bekommen hat. Dies wäre dann als Alpha-Fehler zu werten.

Bitte beachten Sie auch, dass ein Zusammenhang zwischen den beiden Größen Indikator und Indikandum durch andere Phänomene gestört werden kann und die bekannte Ursache-Wirkungs-Kette verändert.

3.4 Fragenkataloge

Im operativen Tagesgeschäft konzentriert sich die Geschäftsführung häufig ausschließlich auf zeitnah anstehende Probleme. Strategische Fragestellungen zur Zukunft des Unternehmens und eine strukturierte Analyse des Unternehmensumfelds und auch eine gezielte Auseinandersetzung mit den Gefahren wird häufig eine untergeordnete Priorität zugeordnet. Zudem werden altbekannte Strukturen und Eigenschaften des Betriebs selten hinterfragt. Sätze wie „das haben wir schon immer so gemacht" oder eine Geschäftsführung mit veralteten Vorstellungen, sind nicht mehr zeitgemäß.

Um diesen Problemen auf einfache Weise zu begegnen, können Fragenkataloge zum Nachdenken anregen und so dazu beitragen, das eigene Unternehmen und das Umfeld zu verstehen und Gefahren sowie Schwachstellen zu identifizieren. Neben der Geschäftsführung können diese Fragen auch durch weitere Personen (Buchhaltung/Controlling, die einzelnen Abteilungen, etc.) beantwortet werden; dadurch kann sich die Geschäftsführung auch ein Bild von den unterschiedlichen Sichtweisen verschaffen. Diese Methode hat den Vorteil, dass sie sehr einfach umzusetzen ist: es werden keine Kennzahlen und keine weiteren Informationen oder Berechnungen benötigt. Die komplette Analyse wird durch die Erfahrungen und Einschätzungen des Anwenders durchgeführt.

Solche Fragenkataloge werden im Internet von diversen privaten Anbietern bereitgestellt und auch von der Bundesregierung, dem Bundesministerium für Wirtschaft und Klimaschutz. Die angebotenen Dokumente, wie beispielsweise „Crashtest Schwachstellen-Früherkennung" oder „Früherkennungstreppe", stellen kurze Fragen bereit, die jedoch keine weitere Erklärung und Interpretation liefern. So werden dort beispielsweise Fragen wie „Haben Sie ein Marketingkonzept", oder „Gibt Ihnen die Bank noch Geld" aufgeführt. Ebenfalls werden dort Krisenursachen (z. B. „zu wenig Eigenkapital" oder „Suchtprobleme des Unternehmers") aufgelistet.

Mittlerweile haben sich einzelne wenige private Dienstleister aufgetan, umfassende, hilfreiche Tools zur Krisenfrüherkennung bereitzustellen. In Tab. 3.3 sind ausgewählte Fragen aus dem umfangreichen RisikoZweiNull-KrisenTool (Giesen 2022) aufgeführt.

Die Erkenntnisse aus solchen Fragenkatalogen können auch für die Risikoinventur benutzt werden, in der sämtliche Risiken strukturiert aufgeführt werden (siehe Abschn. 3.7). Darüber hinaus können Sie hier auch Anstöße für die Szenarien (Stresstests) (Abschn. 3.5) bekommen

Tab. 3.3 Ausschnitt aus dem RisikoZweiNull-KrisenTool (Giesen 2022)

Frage	Erläuterung
Wie ist das Klima auf Ebene der Geschäftsführung?	Wenn die Geschäftsführung nicht reibungslos verläuft und wichtige Meinungsverschiedenheiten oder Disharmonien zwischen den Mitgliedern der Geschäftsführung existieren, ist die Qualität der Geschäftsführung gestört und kann das Unternehmen in eine Krise führen.
Gibt es eine Regelung, wie das Unternehmen geleitet wird, wenn Personen aus der Geschäftsführung ausfallen?	Die Wahrscheinlichkeit, dass eine Person aus der Geschäftsführung für einen längeren Zeitraum (oder gänzlich) ausfällt ist höher, als meistens angenommen wird. Häufig trifft es das Unternehmen unerwartet und fehlender Ersatz und fehlende Kompetenzen sorgen dann dafür, dass das Unternehmen handlungsunfähig ist. Stellen Sie sich die Frage, wie es Ihrem Unternehmen gehen würde, wenn eine Person aus der Geschäftsführung vor 4 Wochen ins Koma gefallen wäre.
Welche Umstände könnten dem guten Ruf ihres Unternehmens schaden (Reputationsrisiko)?	Das Image, bzw. die Reputation ihres Unternehmens ist kostbar. Wenn Sie dort einen Schaden erleiden, werden typischerweise weitere Probleme ausgelöst: Ihre Mitarbeiter sind weniger motiviert oder identifizieren sich nicht mehr mit dem Unternehmen, Ihr Absatz geht zurück, etc. Beispiele für Imageschäden: Schlechte Presse, Gerüchte, negative Kundenberichte, Fehlproduktion, etc.
Was könnte die Kernkompetenz Ihres Unternehmens gefährden?	Die Kernkompetenz ist die Fähigkeit, die Ihr Unternehmen besonders gut kann; das sorgt für einen Wettbewerbsvorteil und unterscheidet Sie von Ihren Mitbewerbern. Beispiele: Besonders hochwertige Produkte, eine sehr bekannte Marke, ein sehr gutes Image, technologische Vorteile, hervorragende Mitarbeiter, spezifisches Know-How, Lizenzen/Patente, etc. Diese Kernkompetenz gilt es zu beschützen bzw. zu wahren, um langfristig erfolgreich zu sein.

(Fortsetzung)

Tab. 3.3 (Fortsetzung)

Frage	Erläuterung
Nehmen Sie Kundenbeschwerden ernst?	Kundenbeschwerden können deutliche Indikatoren für Probleme sein; bei schweren Imageschäden kann dies zu einer Krise führen. Es empfiehlt sich, Kundenbeschwerden (und andere Probleme bzw. Fehler) in einer Fehlerdatenbank aufzunehmen und diese gründlich zu analysieren. Kundenbeschwerden können aber auch eine Chance sein, um Vertrauen und eine außerordentliche Kundenbindung zu gewinnen. Fragen Sie sich, wie Sie mit Kundenbeschwerden umgehen wollen (in Abhängigkeit von den Kosten, die damit verursacht werden). Haben Sie Ihren Mitarbeiter klar mitgeteilt, wie auf Kundenbeschwerden zu reagieren ist?
Wie stark würde Sie der Wegfall ihrer wichtigsten Kunden (oder Kundengruppe) treffen?	Vielleicht haben Sie Großabnehmer, die für Ihr Unternehmen sehr wichtig sind. Diese Konzentration des Umsatzes auf wenige Kunden (Konzentrationsrisiko) kann zu einer ernsthaften Gefahr werden, wenn diese vom Markt verschwinden (z. B. Insolvenz, Geschäftsabmeldung) oder zur Konkurrenz übergehen. Schätzen Sie das Konzentrationsrisiko ein: berechnen Sie für die Großkunden, wie viel Prozent diese von Ihrem Umsatz und/oder Gewinn ausmachen. Zudem kann es sein, dass Sie bei einem Kundenwegfall Zahlungsausfälle haben werden, wenn Ihre neuen Kunden nicht direkt, sondern unter Ausnutzung des Zahlungsziels bezahlen. Ggf. ist es daher sinnvoll, die Bonität Ihrer wichtigsten Kunden zu überwachen.
Wie schätzen Sie die Beziehung zu Ihrer Bank ein?	Ähnlich wie Ratingagenturen schätzt auch Ihre Bank ihre Bonität ein. Mit der Bonitätseinstufung Ihrer Bank kann auch der Zinssatz verbunden sein, den Sie bezahlen. Bei besonders schlechter Bonitätseinstufung kann sogar der Fall eintreten, dass die Bank die geschäftliche Beziehung zu Ihnen kündigt, was zu Liquiditätsengpässen und häufig zu einer Insolvenz wegen Zahlungsunfähigkeit führt. Bedenken Sie immer, dass die Unternehmensfinanzierung von äußerster Wichtigkeit für das Unternehmen ist. Die Praxis zeigt, dass das Risiko einer Kreditkündigung zu wenig Beachtung findet.

(Fortsetzung)

Tab. 3.3 (Fortsetzung)

Frage	Erläuterung
Können Sie die Covenants der Bank einhalten?	In Kreditverträgen mit Unternehmen werden mit den Banken häufig Kreditvereinbarungsklauseln vereinbart (Covenants). Damit sind Pflichten gemeint, die es einzuhalten gilt und deren Einhaltung (und in welchem Ausmaß) Sie regelmäßig melden müssen. Diese Covenants haben für die Bank eine Warnfunktion. Bei Verletzung der Covenants sind Sie typischerweise auch verpflichtet, diese umgehend zu melden. Darüber hinaus kann die Bank in so einem Fall die Verletzung zum Anlass nehmen, den Kredit zu kündigen oder die Konditionen anzupassen (höherer Zinssatz, weitere Sicherheiten, etc.).
Wie stark würde der Zinsaufwand steigen, wenn die Fremdkapitalkosten um 1 Prozentpunkt steigen würden?	Diese Frage zielt auf eine wichtige Risikoart ab: Das Zinsänderungsrisiko. Derzeit sind die Zinsen sehr tief und es ist unklar, wann und wie stark die Zinsen wieder steigen werden. Mit den Zinssätzen verbunden ist Ihr Zinsaufwand, der direkt in die GuV eingeht. Beachten Sie, dass Ihre Kredite unterschiedliche Laufzeiten haben. Die höheren Zinsen würden ggf. erst bei einer Prolongation für Sie wirksam werden. Manche Darlehen sind jedoch mit flexiblen Zinssätzen ausgestattet und reagieren dementsprechend schneller auf Zinserhöhungen. Prüfen Sie auch, ob sie andere Fremdkapitalfinanzierungen haben, die auf die Zinserhöhung reagieren würden.
Welche Ereignisse würden Ihre Liquidität stark belasten und wie wahrscheinlich sind diese?	Zahlungsunfähigkeit ist in der Praxis der häufigste Grund für eine Insolvenz. Wenn Unternehmen scheitern, ist es häufig nicht auf ein unprofitables Geschäftsmodell zurückzuführen, sondern vielmehr auf die fehlende Zahlungsunfähigkeit. Viele Unternehmen haben auch keine Liquiditätsplanung und wenn, dann ist diese eher eine „Schön-Wetter-Planung" und bezieht keine außerordentlichen Ereignisse mit ein. Es ist daher absolut empfehlenswert eine Liquiditätsplanung anzufertigen und diese um mögliche Ereignisse/Shocks zu erweitern.

(Fortsetzung)

Tab. 3.3 (Fortsetzung)

Frage	Erläuterung
Wie bereiten Sie sich auf Betriebsunterbrechungen vor?	Nach dem jährlich veröffentlichten Allianz Risiko-Barometer stellen Betriebsunterbrechungen (inkl. Lieferkettenunterbrechungen) das Top-Risiko dar. Viele Unternehmen können durch einen mehrtägigen Produktionsstopp in eine Unternehmenskrise geraten (z. B. durch Liquiditätsprobleme, Imageverlust, etc.).
Wo sehen Sie die größten Schwachstellen in Ihrer eigenen Produktion?	Fragen Sie sich, wo Ihr Unternehmen Schwachstellen hat und welche Ursachen zu einer Betriebsunterbrechung führen könnten. Bedenken Sie dabei, dass Betriebsunterbrechungen häufig nicht auf eine einzige, sondern auf mehrere, gleichzeitig eintretende Ursachen zurückzuführen sind. Darüber gilt es auch zu beachten, dass manche als bedeutungslos angesehene Probleme einen Lawineneffekt auslösen können. Die BWL stellt mehrere Methoden bereit, mit denen Sie systematisch mögliche Fehler durchdenken können (z. B. FMEA-Analyse).
Welche Erhöhung der Einkaufspreise (auch Rohstoffpreise und Energiepreise) würden Sie hart treffen?	Steigende Einkaufspreise drücken die Margen, da die höheren Preise häufig nicht an die eigenen Kunden weitergereicht werden können. Insbesondere bei kleinen Margen können Schwankungen der Einkaufspreise enorme Effekte haben. Beachten Sie bei ausländischen Einkaufspreisen dabei auch die Wechselkurse. Es kann mittels einer Sensitivitätsanalyse berechnet werden, welche Auswirkungen eine Preiserhöhung auf Ihr Unternehmen hat.
Würden Sie Probleme bekommen, wenn ein (oder mehrere) wichtiger Mitarbeiter plötzlich nicht mehr verfügbar wäre?	Wenn Mitarbeiter in einer wichtigen Position mit jahrelanger Berufserfahrung und ggf. starker Kundenbindung das Unternehmen verlassen, trifft es das Unternehmen häufig unerwartet hart. Besonders bei leistungsfähigen Mitarbeitern besteht die Gefahr, dass diese vom Mitbewerber abgeworben werden.

(Fortsetzung)

Tab. 3.3 (Fortsetzung)

Frage	Erläuterung
Wie groß sehen Sie die Gefahr durch den Fachkräftemangel?	Der Fachkräftemangel wird als eine der wichtigsten Gefahren im Mittelstand gesehen. Vor allem auch vor dem Hintergrund der demografischen Entwicklung; die stetig alternde Bevölkerung und die damit verbundenen erhöhte Anzahl von Personen, die in den Ruhestand gehen, kann für manche Unternehmen in den nächsten Jahren zu einer starken Bedrohung anwachsen.
Wie stark schätzen Sie die Bedrohung durch Cyber-Crime für Ihr Unternehmen ein?	Die Bedrohung durch IT-Angriffe wird häufig unterschätzt. Viele Unternehmen gehen davon aus, dass Sie (z. B. aufgrund ihrer kleinen Größe) nicht im Fokus der Angreifer sind. Das Gegenteil ist der Fall. Cybercrime ist für Kriminelle eines der lukrativsten Geschäftsmodelle. Diese Bedrohung kann innerhalb kürzester Zeit zu einer Unternehmenskrise führen.
Welche aktuellen politischen Entwicklungen könnten für Ihr Geschäftsmodell gefährlich werden?	Politische Entwicklungen können sowohl im Ausland als auch im Heimatland zu Gefahren für das eigenen Unternehmen werden. Die politischen Risiken sind vielfältig: neben Krieg, Terror und Konflikten zwischen Ländern existieren viele weitere Risiken wie z. B. Protektionismus, Sanktionen, Zölle, veränderte Gesetze, veränderte Standards, höhere Steuern, Wegfall von Subventionen/Steuervergünstigungen, Änderungen im Wirtschaftssystem, etc.
Wie stark schätzen Sie das Risiko durch Naturkatastrophen/Elementarschäden oder durch Feuer/Explosionen ein?	Naturkatastrophen und Feuer/Explosionen gehören mit zu den Top-Risiken für Unternehmen und können das Unternehmen nachhaltig schwächen.

Ausschnitt aus dem RisikoZweiNull-KrisenTool (Giesen 2022)

und herausfinden, welche der hier aufgeführten Methoden der Krisenfrüherkennung für Ihr Unternehmen sinnvoll sind.

3.5 Stresstesting

Es kommt nicht darauf an, die Zukunft vorauszusagen, sondern darauf, auf die Zukunft vorbereitet zu sein. (Perikles)

Wie bereits an mehreren Stellen in diesem Buch erwähnt, ist es nicht möglich, in die Zukunft zu schauen. Es ist jedoch möglich, sich auszumalen, was passieren könnte und auch wie man sich in einer konkreten Situation verhalten sollte (Entwicklung von *unmittelbaren* Reaktionsstrategien, Notfallplan). Von diesen Erkenntnissen kann man sich auch leiten lassen, um sich bereits heute auf diese möglichen, zukünftigen Szenarien vorzubereiten und diese bereits heute beeinflussen (Entwicklung von *vorbereitenden* Reaktionsstrategien). Bei den Stresstests steht insbesondere die kritische Reflektion der Ergebnisse im Vordergrund; sie wirken vor allem antizipativ. Stresstesting kann zudem das Bewusstsein für Krisenauslöser verstärken. Wenn sich ein vorab durchdachtes Szenario im Zeitverlauf als wahrscheinlicher herausstellt, dann kann so auch eine bevorstehende Krise erkannt werden. Das Stresstesting gliedert sich in drei verschiedene Arten auf, die im Folgenden beschrieben werden.

- Sensitivitätsanalysen (bzw. univariate Stresstests):
- Szenarioanalysen (bzw. multivariate Stresstests):
- Premortem-Analysen (bzw. inverse Stresstests)

Bei den **Sensitivitätsanalysen** wird untersucht, wie empfindlich (sensitiv) einzelne Erfolgsparameter (Gewinn, Liquidität) auf die Veränderung von anderen Parametern reagieren. Ein paar Beispiele:

- Wie stark reagiert der Gewinn und die Liquidität auf einen 10 %igen Rückgang des Umsatzes?

- Als unmittelbare Reaktionsstrategie würde das Unternehmen die Lieferantenlieferungen zurückfahren, vorerst keine weiteren Mitarbeiter einstellen, Wochenendschichten einstellen, etc.
- Als vorbereitende Reaktionsstrategie könnte das Unternehmen versuchen, fixkostenintensive Fertigung an Zulieferer auszulagern, um somit die Fixkosten zu senken. Insbesondere dann, wenn der 10 %ige Umsatzrückgang zu einem hohen Maße direkt auf den Gewinn (beispielsweise 7 %) weitergegeben wird, da die fixen Kosten nicht schnell angepasst werden können.

• Wie stark reagiert der Gewinn und die Liquidität auf eine eintägige Betriebsunterbrechung?

- Die unmittelbare Reaktionsstrategie wäre eine Behebung des Auslösers.
- Als vorbereitende Reaktionsstrategien könnten die möglichen Betriebsunterbrechungs-Auslöser (z. B. Cyber-Angriff) identifiziert werden und eine Verminderung der Eintrittswahrscheinlichkeiten (z. B. durch Mitarbeiterschulungen) und des Schadensausmaßes (z. B. Abschluss einer Betriebsunterbrechungsversicherung) angestrebt werden. Zusätzlich könnte vorbereitend ein Notfallplan erstellt werden und im Vorfeld überlegt werden, wie die möglichen Auslöser im Schadensfall kostengünstig und schnell behoben werden können.

• Wie stark reagiert der Gewinn und die Liquidität, wenn die Fremdkapitalkosten um einen Prozentpunkt steigen?

- Die unmittelbare Reaktionsstrategie könnte sein, mittelfristig Fremdkapital durch Eigenkapital zu ersetzen, die Bilanzsumme zurückzufahren (beispielsweise durch den Verkauf von nicht betriebsnotwendigen Aktiva-Posten), Kredite umzuschichten (bspw. Kontokorrentlinie weniger stark auslasten) und alternative Fremdkapitalfinanzierungsmöglichkeiten (beispielsweise Mezzanine oder eine andere Bank) zu durchdenken.
- Als vorbereitende Reaktionsstrategien könnte das Unternehmen bereits im Vorfeld versuchen, die unmittelbaren Reaktionsstrategien vorbeugend durchzuführen. Es wäre auch denkbar, ein

Risikomanagement zu implementieren und mit der Bank im Vorfeld abzusprechen, welche Auswirkungen solch eine risikosenkende Maßnahme auf das eigene Rating und damit auf die Zinssätze für das Unternehmen hätte.

Weitere Sensitivitätsanalysen können für steigende Rohstoffpreise, Energiepreise, Wechselkurse, Erhöhung des Mindestlohns, Senkung der eigenen Verkaufspreise, Erhöhung von Steuern, Auswirkung von Strafzahlungen, ein Zulieferer fällt aus, ein Schlüsselmitarbeiter kündigt, etc. durchgedacht werden.

Die **Szenarioanalysen** verändern mehrere Parameter gleichzeitig und sollen aufzeigen, welche Auswirkungen und Entwicklungen bestimmte Ereignisse auslösen können. Damit sind diese realistischer und umfassender: Nur selten wird ein Ereignis lediglich einen einzelnen Parameter verändern, wie bei den Sensitivitätsanalysen angenommen. Vielmehr sind die Variablen miteinander vernetzt und haben wiederum Auswirkungen. Die Szenarioanalysen sollen demnach zu einem gewissen Grad den kombinierten Eintritt[3] von Problemen betrachten und dem Unternehmen die Möglichkeit geben, die eigene Widerstandsfähigkeit für solche Szenarien auf den Prüfstand zu stellen.

Bei den Szenarioanalysen kann man pro Szenario drei verschiedene Zukunftsbilder entwerfen: „best-case", „worst-case" und „realistic-case". Insbesondere das worst-case-Szenario steht bei der Krisenfrüherkennung im Mittelpunkt und es wird der folgenden Fragenkette nachgegangen:

1. Wie schlimm könnte ein bestimmtes Ereignis theoretisch im schlimmsten Fall aussehen?
2. Auf welche sonstigen Größen wird dieses Ereignis Auswirkungen haben? Worauf werden sich diese Größen wiederum auswirken, etc.?
3. Wie hoch ist die Wahrscheinlichkeit für solch ein Ereignis?
4. Wodurch könnte man die Anbahnung von solch einem Ereignis erahnen (vgl. Indikatoren)

---

[3] Der hier betrachtete kombinierte Eintritt von Problemen ist jedoch eher begrenzt. Nur eine umfassende Risikoinventur in Kombination mit einer Monte-Carlo-Simulation kann den kombinierten Eintritt von Risiken analysieren (vgl. Abschn. 3.7).

5. Welche vorbereitenden Maßnahmen sind sinnvoll?
6. Wie sollte man im Schadensfall tatsächlich vorgehen?

Bei den letzten beiden Fragen kann man auch weiterdenken und ebenfalls der Frage nachgehen, wie man sich verhalten sollte, wenn sich höhere Eintrittswahrscheinlichkeit abzeichnen. Diese Fragen sind unternehmensspezifisch zu gestalten und erfordern eine gewisse Kreativität und Vorstellungskraft. Die folgenden beispielhaften Ereignisse sollen im Rahmen einer worst-case Analyse inspirierend wirken.

- Ein 5 Tage andauernder **IT-Ausfall** durch eine Cyber-Attacke ist verbunden mit einem hohen Umsatzrückgang, wodurch die Umsätze in diesen 5-Tagen um 80 % zurückgehen und auch nach Behebung des Ausfalls 20 % der Kunden zur Konkurrenz gewandert sind. Die Cyber-Attacke war mit einer Lösegeld-Zahlung in Höhe von 250.000 € verbunden und es sind, trotz Zahlung des Lösegeldes, dennoch wichtige Unternehmensdaten verloren gegangen und Kundendaten ausgespäht worden. Dadurch wurde ein Reputationsschaden verursacht, der durch Presse-Berichte verschlimmert wurde. Kunden, Lieferanten und sonstige Stakeholder sind verunsichert.
- Ein **gesamtwirtschaftlicher Abschwung** ist mit einem Umsatzrückgang in Höhe von 30 % verbunden. Zeitgleich fallen die beiden wichtigsten Großkunden weg und verursachen einen Schaden durch nichtbezahlte Forderungen. Ein wichtiger Zulieferer meldet Insolvenz an und kann nicht mehr liefern. Sie müssen Kurzarbeit anmelden, wodurch die Motivation der Belegschaft sinkt und dementsprechend die Produktivität zurückgeht. Durch den Umsatzrückgang und den Forderungsausfall bekommt das Unternehmen Liquiditätsprobleme und die Bank ist nicht bereit ihre Kontokorrent-Linie zu erhöhen, bzw. ein Darlehen zu vergeben.
- Ein **Brand in der Produktion** sorgt für eine 10-Tägige Betriebsunterbrechung, da wichtige Maschinen zerstört wurden. Der dadurch verursachte Umsatzrückgang ist auch von langfristiger Dauer, da Kunden zur Konkurrenz übergewandert sind. Falls das Unternehmen eine Betriebsunterbrechungsversicherung hat, dauert es Monate, bis

die Versicherungsleistung (bzw. eine Vorauszahlung) gezahlt wird und das Unternehmen bekommt daher Liquiditätsprobleme.
- Durch eine **kriegerische Auseinandersetzung** und den damit verbundenen Sanktionen kommt es zu steigenden Rohstoff- und Energiepreisen und zu Veränderungen der Wechselkurse. Zudem kann mit dem entsprechenden Land kein Handel mehr betrieben werden und es gibt Zahlungsausfälle zu verkraften.
- Eine **Pandemie** sorgt für eine Krankmeldungswelle, so dass 20 % der Mitarbeiter für einen Zeitraum von zwei Wochen nicht verfügbar sind. Das behindert die Produktion und auch die sonstigen Geschäftsprozesse (Buchhaltung, Controlling, Personal, Geschäftsführung, etc.). Wichtige Liefertermine müssen verschoben werden und ggf. fallen Konventionalstrafen an. Zulieferer haben ebenfalls Lieferschwierigkeiten, was die Produktion weiter stört und manche Abnehmer fragen weniger Produkte nach, da diese die eigene Produktion ebenfalls gedrosselt haben.

In Ergänzung zu den hypothetischen Szenarien können auch tatsächlich eingetretene Szenarien durchgespielt werden, wie beispielsweise die Finanzkrise ab 2008, die Corona-Krise oder der Russland-Ukraine-Krieg. Die Auswirkungen auf das eigene Geschäftsmodell sind für historische Ereignisse meist sehr gut rekonstruierbar. Die Analysen helfen, mögliche Entwicklungen als solche zu identifizieren, die den Fortbestand des Unternehmens gefährden könnten. Zusammen mit den Expertenschätzungen zu den Eintrittswahrscheinlichkeiten kann dann beurteilt werden, ob und in welchem Umfang Gegenmaßnahmen unternommen werden. So macht es keinen Sinn, sich auf einen Kometeneinschlag vorzubereiten; diese hätte zwar vernichtende Auswirkungen, jedoch eine sehr geringe Eintrittswahrscheinlichkeit.

Die **Premortem-Analyse** ist den beiden bereits aufgeführten Methoden (Sensitivitätsanalyse und Szenarioanalyse) sehr ähnlich. Hier wird jedoch nicht eine fixe Veränderung vorgegeben, sondern vielmehr analysiert, wie schlimm sich ein Parameter (analog zu Sensitivitätsanalyse) oder eine Situation (analog zur Szenarioanalyse) entwickeln muss, damit das Unternehmen in eine überlebensbedrohliche Situation kommt.

Die Stresstests haben eine gewisse Ähnlichkeit zur Risikoidentifikation, die im Rahmen der Risikoinventur durchgeführt wird (vgl. Abschn. 3.7). In Abgrenzung zur Risikoidentifikation steht bei den Stresstests jedoch die kritische Reflektion und Auseinandersetzung von Extremereignissen im Vordergrund, bei der Risikoinventur hingegen eher die quantitative Erfassung (wobei auch dort die Risiken kritisch durchleuchtet werden müssen). Bei allen Stresstests sollten die Auswirkungen auf die GuV, die Eigenkapitalquote, die Liquidität und weitere für das Unternehmen relevante Größen betrachtet werden. Insbesondere ist es auch wichtig zu hinterfragen, wie und ob die Covenants der Bank eingehalten werden. Bei sämtlichen angesprochenen Stresstests ist es auch empfehlenswert, sich im Vorfeld zu überlegen, wie das Unternehmen die Probleme im Problemeintritt an die Stakeholder kommuniziert. Die Krisenkommunikation ist ein wichtiger Faktor in der Krisenbewältigung. Die Vergangenheit hat gezeigt, dass eine schlechte Krisenkommunikation, verbunden mit Reputationsschäden, die Krise erheblich verschlimmern kann (vgl. Meißner und Schach 2019).

3.6 Strategische Frühaufklärung

Blickt man auf Ereignisse der Vergangenheit zurück, dann erscheinen diese Entwicklungen im Nachhinein als äußerst plausibel. Beispiel Finanzkrise: Aus heutiger Sicht ist es sehr nachvollziehbar, dass die Gier nach Renditen, kombiniert mit der massiven Immobilienkreditvergabe an nicht kreditwürdige Personen, bei einem Zinsanstieg zu einer Katastrophe führen kann. Aus damaliger Sicht wurde diese Katastrophe jedoch nicht erwartet. Damit verbunden ist auch die aus der Wirtschaftspsychologie bekannte kognitive Verzerrung der „Rückschaufehler": Im Nachhinein überschätzen wir, wie vorhersehbar ein Ereignis war.

Dabei scheint sich ein Widerspruch zu ergeben. In diesem Buch wird konstatiert, dass viele Krisen schleichend und in einzelnen Phasen verlaufen. Gleichzeitig wird von heftigen Umbrüchen (z. B. Diskontinuitäten und Disruptionen) berichtet, welche das Unternehmensumfeld schlagartig ändern. Wie können diese beiden Aussagen zusammengebracht werden? Die Argumentation geht in die Richtung, dass manche

Umbrüche im Rahmen einer strategischen Frühaufklärung vorher hätten erkannt werden können. Wenn Umbrüche frühzeitig erkannt und entsprechend darauf reagiert wird, müssen diese keine Gefahren darstellen, sondern können auch Chancen sein, um sich von der Konkurrenz hervorzuheben. Unternehmen wie beispielsweise Apple haben früh erkannt, dass die Kombination von Internet und Handy mit einer sehr intuitiven Benutzeroberfläche und der Möglichkeit „Apps" zu installieren, die Zukunft verändern wird. Amazon hat frühzeitig erkannt, dass die Weiterentwicklung der Geschwindigkeit und der Verfügbarkeit des Internets den Online-Versand sehr attraktiv gestalten wird. Tesla hat frühzeitig erkannt, dass rein batteriebetriebene Fahrzeuge ein enormes Marktpotenzial haben.

Der Ansatzpunkt der strategischen Frühaufklärung ist, dass alle massiven Veränderungen im Unternehmensumfeld (Diskontinuitäten, Turbulenzen, Game-Changer, revolutionäre Veränderungen, disruptive Technologien, Umbrüche, etc.) einen Entstehungsprozess haben, der sich durch „schwache Signale" (engl. „Weak Signals") bemerkbar macht. Diese schwachen Signale werden dabei im Zeitverlauf immer deutlicher und entwickeln sich vom „Weak Signal" zum „Strong Signal" und sollten frühzeitig antizipiert werden. Die strategische Frühaufklärung mahnt dabei auch, dass solche Unternehmen, welche den Handlungsdruck nicht bemerken und daher ihre Geschäftsmodelle nicht an die neuen Rahmenbedingungen ausrichten, die Gefahr eingehen, „plötzlich" vom Wettbewerb überholt zu werden. Beispielsweise könnte eine Bank, die nicht rechtzeitig auf Online-Banking übergeht, einen Großteil der Kunden verlieren. Analog dazu ist fraglich, wie Kfz-Werkstätten oder Tankstellen in Zukunft mit ihrem „alten" Geschäftsmodell überleben wollen, wenn die Elektrifizierung der Fahrzeuge weiter voranschreitet. Auch Taxi- oder Berufskraftfahrer müssen sich zeitnah auf drastische Veränderungen durch autonomes Fahren umstellen.

Auch in den letzten Jahren sind technologische Entwicklungen zu bemerken, welche aktuell noch in den Kinderschuhen stecken, sich aber langsam entwickeln und schon zeitnah starke Diskontinuitäten auslösen können. Beispielhaft sei hier die Virtual-Reality-Brille (VR-Brille) betrachtet. Wenn man sich mit diesem schwachen Signal „VR-Brillen könnten eine Zukunftstechnologie sein" auseinandersetzt, könnte die

Interpretation in die Richtung laufen, dass zukünftig jedes Haus einen eigenen VR-Raum hat, in dem man sich begibt, wenn man sich in fremde künstliche Welten oder an einen anderen realen Ort versetzen möchte. Welche Auswirkungen könnte das auf aktuell erfolgreiche Geschäftsmodelle haben? Anbieter von Wohn- und Arbeitsraum (Hotels, Tagungsräume, Bürokomplexe) könnten dadurch sehr stark betroffen sein. Wird es noch Vor-Ort Veranstaltungen geben (Relevant für Messen, Museen, etc.)? Aber auch die Industrie, die sich mit der Fortbewegung von Menschen befasst (Taxis, Bahn, Busse, KFZ-Hersteller und Tankstellen) könnten enorme Umsatzeinbußen haben. Andere Geschäftsmodelle könnten hingegen dadurch einen enormen Auftrieb bekommen. Darüber hinaus werden manche Geschäftsmodelle dadurch neu geschaffen, die bisher nicht existent sind.

Auch wenn der Durchbruch von künstlichen VR-Welten bisher noch nicht da ist, so werden die schwachen Signale langsam stärker. Die Hard- und Software verbessert sich, viele Computerspiele können schon heute damit gespielt werden und die steigende Anzahl von Nutzern scheint zu belegen, dass es sich nicht mehr um eine Nischentechnologie handelt. Es können vielleicht Parallelen zum Computer (z. B. Entwicklung vom Commodore C64 zu aktuellen Modellen mit Mehrkernprozessoren), den Handys (von den anfänglichen klobigen Modelle der 1990er-Jahre zu den aktuellen Smartphones) und dem Internet (vom 64K-Modem zur 5G-Technolologie mit 50GB pro Sekunde) erkannt werden; sollten VR-Brillen einen ähnlichen Erfolg haben, so ist es tatsächlich vorstellbar, dass wir in Zukunft „von Zuhause aus" durch Manhattan oder auf dem Mars spazieren gehen oder uns dort mit Bekannten treffen und Meetings in einer virtuellen Kopie des Reichstagsgebäude oder dem Oval Office abhalten.

Hier sehen wir bereits schnell den ersten Kritikpunkt von der strategischen Frühaufklärung: es gibt sehr viele von diesen schwachen Signalen und es ist nur schlecht möglich, deren Entwicklung eindeutig zu prognostizieren. Kaum ein Unternehmen, welches in 10 Jahren eventuell Umsatzeinbußen durch eine vielleicht eintretende technologische Veränderung haben könnte, wird bereits heute von einer bevorstehenden Unternehmenskrise sprechen wollen und umfassende und kostspielige Reaktionsstrategien entwickeln. Allerdings: Ein Unternehmen, welches diese zukünftig schnell ablaufenden Ereignisse nicht zeitnah antizipiert, kann schnell in eine Unternehmenskrise geraten. Die strategische Frühaufklärung empfiehlt daher auch nicht, direkt zu reagieren, sondern vielmehr die schwachen Signale zu empfangen (absuchen, engl. „scanning") und solche Signale, die das eigene Geschäftsmodell betreffen, aufmerksam zu verfolgen (beobachten, engl. „monitoring") und dann Reaktionsstrategien zu entwickeln, wenn es sinnvoll erscheint.

Im Folgenden wird vorgestellt, wie der Prozess des Scannings und Monitorings durchgeführt werden kann, dabei sei auch darauf verwiesen, dass umfangreichere Konzepte zur Durchführung der strategischen Frühaufklärung über schwache Signale existieren (insbesondere das Battelle-Konzept oder das Hammer-Konzept, vgl. Krystek 2005).

Das „Scanning" ist ein sogenannter ungerichteter Suchvorgang im Sinne eines 360-Grad-Radars: „man sucht etwas, ohne zu wissen was es sein könnte und wo man es findet" (Liebl 2005). Quellen für schwache Signale sind vor allem unsere Medien: Tageszeitung, Fernsehen, Fachmagazine, Nachrichten, das Internet und Bücher (ggf. sogar seriöse Science-Fiction Literatur). Man sollte auch Messen besuchen, Expertenmeinungen einholen, Informationen aus der Trend- und Zukunftsforschung beobachten und sich von wissenschaftlich-technische Spekulationen inspirieren lassen. Dabei können auch politische Diskussionen und soziale Entwicklungen Anhaltspunkte liefern. Es sollen möglichst viele Signale gelistet werden. Man beachte die Ähnlichkeit zum Brainstorming: Quantität ist wichtiger als die Qualität. Initial empfiehlt sich, ein umfassendes Verständnis über das eigene Unternehmens-Umfeld zu schaffen, indem eine PESTEL-Analyse und eine Branchenstrukturanalyse (z. B. Porters Five-Forces) durchgeführt werden. Schwache Signale, die im Rahmen des Scannings gelistet werden, könnten beispielsweise die folgenden sein:

- Konkurrenz entwickelt innovative Produkte
- Künstliche Intelligenz wird verbessert
- Zwei Konkurrenzunternehmen planen eine Fusion
- Ansprüche der Mitarbeiter verändern sich
- Demografischer Wandel kann Fachkräftemangel verursachen
- Veränderte Kundenbedürfnisse (z. B. in Richtung Nachhaltigkeit)

- Neue oder verbesserte Technologie
- Entwicklungen in der Gesetzeslage

Die schwachen Signale können auch kategorisiert werden nach: Ökonomisch, ökologisch, sozial, politisch, rechtlich, technologisch. Gleichzeitig soll auch im Rahmen des Scanning überlegt werden, ob die schwachen Signale möglicherweise Auswirkungen auf das eigene Geschäftsmodell haben könnten und daher in das Monitoring überführt werden sollten.

Beim **„Monitoring"** werden solche Entwicklungen, die von besonderem Interesse für das jeweilige Unternehmen sind im Zeitverlauf genauer überwacht und grundlegend überdacht. Hierbei sollte man auch mögliche Zukunftsszenarien im Rahmen einer Szenarioanalyse (vgl. Abschn. 3.5) durchleuchten und die Auswirkungen interpretieren. Da die schwachen Signale im Zeitverlauf immer deutlicher werden, sollten diese auch regelmäßig in strategischen Workshops besprochen werden.

Diese strategische Frühaufklärung wird sicherlich, zumindest im Ansatz bzw. gedanklich, von der Geschäftsführung im Tagesgeschäft durchgeführt werden, und sei es nur durch Beobachtungen und Reflexionen, die man sich bei einem Messebesuch macht oder bei der Zeitungslektüre. In der Literatur wird auch angemerkt, dass strategische Frühaufklärung weniger ein formaler Prozess ist, sondern vielmehr das richtige Bewusstsein des Unternehmens und der Mitarbeiter (Blum 2015).

Schwache Signale haben den Vorteil, dass diese weit in die Zukunft reichen und daher der Geschäftsführung die Möglichkeit geben, sehr früh auf Gefahren und Chancen zu reagieren. Die strategische Frühaufklärung ist daher als Komplement zu den bisher vorgestellten Methoden zu sehen und ergänzt diese um die strategische Komponente. Die Herausforderung ist es jedoch, die richtigen schwachen Signale aufzunehmen, diese richtig zu interpretieren und angemessen darauf zu reagieren. Nachteilig ist dabei die Subjektivität, welche durch die Interpretation der schwachen Signale verursacht wird. Das Konzept der schwachen Signale kann jedoch weiter kritisiert werden; so sind die Informationen, auf die sich das Konzept stützt zahlreich und verschwommen.

Die Signale sind zahlreich, da die heutige Zeit durch eine Informationsexplosion gekennzeichnet ist. In dieser Welt der Informationsüberflutung besteht die Gefahr, dass wichtige Signale übersehen oder dass manche fälschlicherweise als nicht relevant eingestuft werden. Die Signale sind vor allem anfänglich verschwommen und werden nur langsam stärker. Je früher ein Signal gefunden wird, desto schwieriger ist es, dieses richtig zu interpretieren. Bei dieser unüberschaubaren Menge an Informationen ist es nahezu unmöglich, Fehlinterpretationen zu vermeiden. Es ist daher auch schwierig zu beurteilen, ob eine Information erfolgreich interpretiert wurde. Dies zeigt sich erst im Nachhinein, nachdem eine Maßnahme eingeleitet wurde oder auch nicht und sich die Signale als Vorboten oder als Fehlalarme entpuppt haben.

3.7 Risikomanagement

In diesem Kapitel wird das ganzheitliche Risikomanagement vorgestellt. Vorab: Dieses Verfahren ist komplexer und aufwendiger, hat aber mehrere Vorteile im Vergleich zu den bisher genannten Verfahren. Es würde den Rahmen des Buches sprengen, wenn hier auf alle Einzelheiten eingegangen würde; der interessierte Leser sei für eine tiefere Befassung mit dem Thema auf die umfangreiche Literatur (beispielsweise Vanini und Rieg 2021; Romeike und Hager 2020, etc.) verwiesen.

Das Risikomanagement befasst sich mit der systematischen Erfassung und Bewertung von allen für das jeweilige Unternehmen relevanten Risiken. Man betrachte hier den Unterschied zu anderen Methoden; diese sind dazu nicht in der Lage, sondern konzentrieren sich eher auf Teilausschnitte der Risikolandschaft und damit der möglichen Krisenauslöser. Um die Bedeutung eines ganzheitlichen Risikomanagements hervorzuheben, sei erneut auf die beiden gesetzlichen Anforderungen StaRUG und KonTraG eingegangen; diese fordern, dass die Krisenfrüherkennung über Entwicklungen wachen soll, welche den Fortbestand des Unternehmens gefährden können. Die oben vorgestellten Methoden sind nicht in der Lage, diese Forderung vollumfänglich umzusetzen. Auch wenn diese Methoden Risiken identifizieren können, welche eine hohe Gefährdung für das Unternehmen darstellen, so ist es nicht möglich Kombinationseffekte von Risiken mit diesen zu erfassen. Mit Kombinationseffekten ist gemeint, dass Risiken in Kombination eintreten können und ggf. sogar korreliert sind. Kombinationseffekte sind aber von besonderer Wichtigkeit, so wird eine Existenzgefährdung häufig nicht durch eine einzelne Gefahr verursacht, sondern vielmehr durch den gemeinsamen Eintritt von mehreren Gefahren.

Zudem wurde bereits in den Erläuterungen zum KonTraG Gesetzesentwurf angemerkt, und auch in diversen Interpretationen und Standards festgehalten (IDW PS 340, DIIR RS Nr. 2, etc.), dass im Rahmen der Krisenfrüherkennung der **Grad der Bestandsgefährdung** im Fokus stehen muss (vgl. Gleißner et al. 2021). In der einschlägigen Literatur (z. B. Gleißner 2020) wird zurecht postuliert, dass qualitative Methoden (bspw. Schwache Signale, Stresstesting, Fragenkataloge) nicht in der Lage sind, diesen Grad der Bestandsgefährdung zu berechnen. Nur das Risikomanagement ist dazu in der Lage, indem die einzelnen Risiken erkannt, quantifiziert und anschließend mit einer geeigneten Methode, der Monte-Carlo-Simulation, aggregiert werden. Kombinationseffekte können so sinnvoll betrachtet werden und zugleich Risikosteuerungsmaßnahmen nach einem Kosten-Nutzen-Vergleich implementiert werden.

Der Grad der Bestandsgefährdung wird dabei im Rahmen einer sogenannten Risikotragfähigkeitsrechnung betrachtet. Dazu werden a) die Risiken und b) die Widerstandskraft des Unternehmens ermittelt und gegenübergestellt.

a. Unter Widerstandskraft wird die Fähigkeit verstanden, eintretende Gefahren zu überstehen. Diese ist die vorhandene Liquidität (zur Vermeidung einer Zahlungsunfähigkeit im Sinne von § 17 oder § 18 InsO) bzw. das vorhandene Eigenkapital (zur Vermeidung einer Überschuldung im Sinne von § 19 InsO).
b. Die gesamten Risiken werden derart aggregiert, dass Wahrscheinlichkeitsaussagen über einen möglichen Liquiditätsabfluss bzw. Verlust getroffen werden können. Beispielsweise in der Art „Die Wahrscheinlichkeit, dass ein Verlust in den nächsten 12 Monaten in Höhe von 100.000 € nicht überschritten wird, ist 93,7 %".

Diese Aussagen zu einem voraussichtlich entstehenden Verlust/Gewinn bzw. Liquiditätsabfluss können zu jedem Niveau berechnet werden, auch für das Niveau der Widerstandskraft. Ein Unternehmen, welches einen maximalen Verlust in Höhe von 250.000 Euro verkraften würde, kann daher auch die Wahrscheinlichkeit eines noch höheren Verlustes ermitteln, der dann möglicherweise insolvenzrechtliche Maßnahmen verursachen könnte. Diese resultierende Wahrscheinlichkeit kann auch als Insolvenzwahrscheinlichkeit oder als Grad der Bestandsgefährdung interpretiert werden. Als Zeitraum der Betrachtung werden dabei in der Regel die nächsten 12 Monate (rollierend) betrachtet.

Die Widerstandskraft kann einfach ermittelt werden; diese ergibt sich aus der Bilanz bzw. aus der Liquiditätsplanung. Ein besonderer Fokus sollte dabei auf die Betrachtung der Liquidität (Bilanzliquidität plus Kreditlinie) gelegt werden; schließlich ist Zahlungsunfähigkeit der häufigste Grund für eine Insolvenz.

Im Folgenden wird betrachtet, wie die Risiken quantifiziert werden können. Ausgangspunkt ist das Risikoinventar, welches typischerweise in Tabellenkalkulationsprogrammen erstellt wird. In diesem Risikoinventar sind alle Risiken des Unternehmens aufgeführt. Für diese Risikoidentifikation eignen sich diverse Konzepte, wie beispielsweise Brainstorming, SWOT-Analyse oder beispielsweise FMEA-Analyse (vgl. Romeike und Hager 2020). Insbesondere sollte man auf Erfahrungen der Vergangenheit zurückgreifen: jede Planabweichung, die in der Vergangenheit stattfand (oder in der Zukunft stattfinden kann) wurde durch ein Risiko verursacht und muss dementsprechend im Risikoinventar gelistet sein. Generell kann man zwei Arten von Risiken unterscheiden: Event-Risiken und Verteilungsrisiken.

Event Risiken sind solche, die mit einer gewissen Wahrscheinlichkeit eintreten können. Bei diesen Risiken muss daher die Eintrittswahrscheinlichkeit geschätzt werden und auch der Frage nachgegangen werden, wie hoch der Schaden ausfallen wird, wenn das Risiko eintritt. Die Eintrittswahrscheinlichkeit bezieht sich dabei auf die folgenden 12 Monate. Diese Wahrscheinlichkeit kann, wenn entsprechende Daten vorhanden sind, aus der Vergangenheit abgeleitet werden. Häufig sind diese Daten aber nicht vorhanden und es muss auf Expertenschätzungen zurückgegriffen werden. Auch wenn sich die Einschätzung der Wahrscheinlichkeit schwierig gestalten sollte, so muss angemerkt werden, dass eine nicht quantifizierte Wahrscheinlichkeit gleichbedeutend mit der Aussage ist, dass das Risiko nicht existent sei. Bei der Schätzung des Schadens wird die Wirkung auf die Liquidität bzw. auf das Eigenkapital (über die GuV) betrachtet. Beim Schaden empfiehlt es sich, nicht einen einzigen festen Wert anzunehmen, sondern zu unterscheiden nach a) im besten Fall, b) im schlimmsten Fall und c) realistischer Fall. Beispiele für Event-Risiken sind die folgenden:

- Betriebsunterbrechung (ggf. durch Lieferkettenproblem, Brand/Explosion, Streik, etc.)
- Diverse Typen des Cyber-Angriffs (ggf. mit Lösegeldforderung und Betriebsunterbrechung)
- Schlüsselmitarbeiter fällt aus
- Lieferantenausfall (mögliche Betriebsunterbrechung oder höhere Kosten)
- Produktionsfehler (Schadensersatzansprüchen, Produkthaftung, Rückrufaktion)
- Großkundenausfall mit Verlust einer Forderung aus Lieferung und Leistung
- Covenant-Verletzung, Kreditlinienkündigung

Verteilungsrisiken sind bei solchen Größen zu finden, die sich vorteilig oder nachteilig entwickeln können, der genaue Wert aus heutiger Sicht jedoch unbekannt ist. Beispiele für Verteilungsrisiken sind die folgenden:

- Wechselkurse
- Zinssätze
- Instandhaltungskosten
- Energiekosten
- Fehlzeiten der Mitarbeiter
- Kosten durch Kundenreklamationen

Auch diese Verteilungsrisiken müssen quantifiziert werden. Die Eintrittswahrscheinlichkeit muss jedoch nicht geschätzt werden, lediglich das Ausmaß muss über eine Wahrscheinlichkeitsverteilung abgeschätzt werden. Wahrscheinlichkeitsverteilungen geben die Wahrscheinlichkeiten für bestimmte Werte der unsicheren Größen wieder. Beispielsweise könnte für Energiekosten gesagt werden: die Wahrscheinlichkeit, dass die Energiekosten im kommenden Jahr unter 150.000 € liegen ist bei 15 %, dass sie unter 200.000 € liegen ist bei 55 %, etc. Es gibt diverse Wahrscheinlichkeitsverteilungen, sehr bekannt sind die Normalverteilung, die Gleichverteilung, die Dreiecksverteilung und die Binomialverteilung.[4] Insbesondere die Dreiecksverteilung wird aufgrund ihrer Einfachheit im Risikomanagement häufig benutzt. So müssen bei der Dreiecksverteilung nur die drei Parameter bester/schlimmster/realistischer Fall geschätzt werden, analog wie beim Schadensausmaß bei den Event-Risiken. Die Dreiecksverteilung weist jedem Wert, der zwischen den beiden Extremen liegt, eine bestimmte Wahrscheinlichkeit zu.

Die Risikoinventur ist kein einmaliger Prozess: Risiken verändern sich im Zeitverlauf, beispielsweise die Eintrittswahrscheinlichkeiten und möglichen Schäden. Zudem fallen manche Risiken weg und neue kommen hinzu. Insbesondere durch die Steuerung der Risiken (siehe Infobox) können die Parameter durch das Management verändert werden.

Risikosteuerung
Risiken zu managen, bedeutet nicht „Risiken zu minimieren", sondern vielmehr Risiken nach eingehender Analyse zu steuern. Wenn die reine Risikovermeidung im Vordergrund steht, dann gehen Unternehmen ein weiteres Risiko ein, und zwar, dass ggf. nicht sinnvolle, Risikovermeidungsstrategien implementiert werden und erfolgversprechende Chancen nicht genutzt werden (vgl. Krystek und Müller-Stewens 1993). Die Geschäftsführung muss daher der Frage nachgehen, wie mit den einzelnen Risiken umzugehen ist. Diese Gedanken gehen in die Richtung „Maßnahmen ergreifen" und zielen daher eher auf die zweite Forderung des § 1 StaRUG ab. Auch wenn diese Forderung nicht im Fokus dieses Buches ist, sei hier kurz auf die möglichen Maßnahmen eingegangen.

Risikovermeidung: Bei der Vermeidungsstrategien entscheidet sich das Unternehmen, auf bestimmte Aktivitäten zu verzichten. Dadurch werden die mit dieser Aktivität verbundenen Risiken eliminiert. So könnte ein Unternehmen dem

---

[4] Der interessierte Leser sei für eine tiefere Behandlung von Wahrscheinlichkeiten im Bereich Risikomanagement auf das Buch Gleißner und Wolfrum 2019 oder Romeike und Hager 2020 verwiesen.

Wechselkursrisiko entgehen, indem keine Geschäfte mit dem Ausland in Fremdwährung unternommen werden.

Risikoverminderung: Die Verminderungsstrategie versucht, die beiden Parameter „Eintrittswahrscheinlichkeit" und „Schadensausmaß" zu verringern. So könnte beispielsweise durch eine Versicherung das Schadensausmaß, nicht aber die Eintrittswahrscheinlichkeit verringert werden. Vorsichtsmaßnahmen oder Sicherheitschecks dagegen könnten die Eintrittswahrscheinlichkeit verringern, nicht aber das Schadensausmaß.

Risikoübertragung: Bei dieser Strategie werden die Risiken auf andere Personen übertragen. Hierzu zählt beispielsweise der Abschluss einer Versicherung oder per Vertrag das Risiko auf einen Zulieferer oder Abnehmer zu übertragen.

Risikoakzeptanz: Manche Risiken werden vom Unternehmen einfach akzeptiert und nicht weiter behandelt. Dies ist insbesondere dann ratsam, wenn die Eintrittswahrscheinlichkeit eines Risikos und das Schadensausmaß relativ gering im Vergleich zu den Kosten der jeweiligen Maßnahme wären.

Manche der in der Risikoinventur identifizierten Risiken, insbesondere komplizierte Risiken die wiederum Auswirkungen auf andere Risiken haben oder die besonders gefährlich sind und ggf. einen mehrjährigen, dauerhaften Schaden verursachen, sollten zusätzlich im Rahmen von Szenarien (wie beschrieben in Abschn. 3.5) weiter durchdacht und reflektiert werden.

Die an die Risikoinventur anschließende Aufgabe ist es, aus der Liste der Risiken die wesentlichen Risiken zu identifizieren. Dazu gibt es diverse Möglichkeiten. So ist es möglich, bei den Event-Risiken die Eintrittswahrscheinlichkeit mit dem Schadensausmaß beim Eintritt zu multiplizieren und das Produkt als „erwarteten Schaden" zu interpretieren. Bei den Ereignisrisiken hingegen, kann der Erwartungswert direkt über die Wahrscheinlichkeitsverteilung berechnet werden.

Eine weitere sehr geläufige und einfache Methode besteht für Event-Risiken in einer Risiko-Matrix. In dieser Abbildung werden auf der Y-Achse die Eintrittswahrscheinlichkeit und auf der X-Achse das Schadensausmaß abgetragen. Risiken, die weiter rechts bzw. oben liegen (also eine hohe Eintrittswahrscheinlichkeit und ein hohes Schadensausmaß haben), können als wesentliche Risiken betrachtet werden. Die Risiko-Matrix hat jedoch den Nachteil, dass diese lediglich zeigt, wie gefährlich ein Event-Risiko im Mittelwert ist. Damit wird aber die Relevanz von beispielsweise LPHI (low propability high impact) Risiken, also solchen, die mit einer geringen Wahrscheinlichkeit eintreten, dann aber ein enormes Vernichtungspotenzial haben, tendenziell ausgeblendet (vgl. Gleißner 2015).

Die Risiko-Matrix eignet sich nicht für Verteilungsrisiken. Bei den Verteilungsrisiken können jedoch Wahrscheinlichkeitsaussagen helfen, die Wesentlichkeit zu ermitteln. So können die Perzentile der jeweiligen Verteilungsrisiken nützlich sein. Beispielsweise kann berechnet werden, welcher Schaden mit einer Wahrscheinlichkeit von 95 % nicht überschritten wird.

Die bisher angesprochenen Möglichkeiten zur Einschätzung der Wesentlichkeit haben den Vorteil, dass diese einfach anzuwenden und zu interpretieren sind. Es ist jedoch anzumerken, dass dabei lediglich einzelne Risiken betrachtet werden. Wie bereits oben erwähnt ist aber insbesondere das Zusammenspiel der Risiken von Bedeutung; ein einzelnes Risiko kann vom Unternehmen häufig abgefedert werden, schwierig kann es aber werden, wenn mehrere Risiken zusammen eintreten. Es ist daher notwendig, die Risiken zu aggregieren.

Zur Darstellung der Risikoaggregation werden von Unternehmen in der Praxis diverse Methoden angewendet. Beispielsweise werden die Erwartungswerte der Risiken addiert oder über einen analytischen Weg versucht, die Risiken durch ein Varianz-Kovarianz Modell zu vereinen. Empirische Studien zeigen dabei bedauerlicherweise, dass die Bemühungen der Unternehmen vielfach nicht ausreichen, die KonTraG Forderungen durch eine angemessene Risikoaggregation umzusetzen (vgl. Gleißner und Romeike 2022). Die angemessene Risikoaggregation kann ausschließlich durch eine Monte-Carlo-Simulation erreicht werden, die in der Lage ist, Risiken derart zu aggregieren, dass bestandsgefährdende Entwicklungen, auch solche durch eine Kombination von Einzelrisiken, und auch unter Berücksichtigung von Korrelationen, abgeschätzt werden können. Der Grundgedanke der Monte-Carlo-Simulation besteht in der Ziehung von Zufallszahlen aus den einzelnen Verteilungen und sie kann sogar in Tabellenkalkulationsprogrammen umgesetzt werden, insbesondere mit weiteren Hilfsprogrammen (z. B. Oracle CrystalBall® oder Microsoft VBA)[5]

Eine mathematische Beschreibung der Monte-Carlo-Simulation würde vom Leser eine gewisse Grundausbildung in der Stochastik verlangen, welche aber für das Grundverständnis nicht nötig ist. Daher sei hier die Funktionsweise an einem Beispiel erklärt.[6] Stellen wir uns vor, sie wären im Urlaub und möchten um einen Park joggen. Sie wissen, dass Sie pro Kilometer durchschnittlich zwischen 5 und 8 Minuten brauchen (diese Angabe nennt sich „Pace"), wobei 5 Minuten ihre bisher beste und 8 Minuten ihre schlechteste Leistung war. Im Durchschnitt schätzen Sie, dass sie 7 Minuten pro Kilometer brauchen. Sie wissen ebenfalls nicht, wie lang die Strecke um den Park ist. Sie schätzen, dass die Länge zwischen 10 und 15 Kilometer beträgt. Ihre Einschätzungen über die Unsicherheiten können durch Wahrscheinlichkeitsverteilungen wie in Abb. 3.1 gezeigt wiedergegeben werden.

Auf der linken Seite ist die Pace durch eine Dreiecksverteilung approximiert, auf der rechten Seite die Länge in Kilometer durch eine Gleichverteilung. Um die Gesamtdauer abzuschätzen, ist es nun notwendig, diese beiden Unsicherheiten (Pace und Kilometer) zu aggregieren, indem ihre Pace mit der Länge des Parks in Kilometern multipliziert wird. Aus einer mathematischen Perspektive nennt sich dieser Vorgang „Faltung zweier Wahrscheinlichkeitsfunktionen" und wird mit der

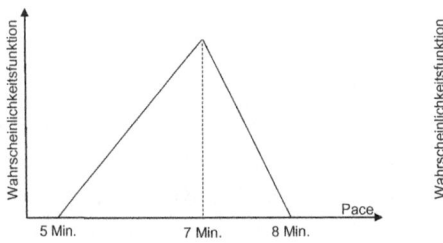 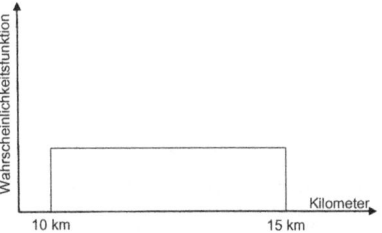

Abb. 3.1 Beispielhafte Wahrscheinlichkeitsverteilung für Pace und Länge beim Joggen

---

[5] Eine beispielhafte Microsoft VBA Rechnung kann von der Webseite des Autors (www.risikozweinull.de) kostenlos bezogen werden.

[6] Die Idee zu dem Beispiel stammt von DeMarco und Lister (2003).

Integralrechnung durchgeführt. Dabei wird aus den beiden Verteilungen eine gemeinsame Verteilung für die Gesamtdauer erzeugt. Diese Aggregation ist analytisch sehr anspruchsvoll, bzw. in den meisten Fällen im Risikomanagement gänzlich unmöglich. Daher muss auf sogenannte „numerische Methoden" wie die Monte-Carlo-Simulation zurückgegriffen werden. Numerische Methoden können bei vielen Problemen angewendet werden, die mathematisch nicht lösbar sind.

Zu diesem Zweck simuliert die Monte-Carlo-Simulation eine große Anzahl (z. B. 100.000) von Läufen um den Park, wobei bei jedem hypothetischen Lauf jeweils eine Zufallszahl aus der Wahrscheinlichkeitsverteilung von „Pace in Minuten" und von „Strecke in Kilometern" gezogen wird. Dann wird mit diesen beiden Zufallszahlen die Gesamtdauer berechnet. Das wird so lange wiederholt, bis die gewünschte Anzahl von hypothetischen Läufen erreicht ist. Als Ergebnis der Simulationen bekommt man 100.000 Werte für die Gesamtdauer. Man bemerke beispielsweise für die „Pace", dass Werte nahe bei 7 Minuten relativ häufig, Werte nahe bei 5 Minuten relativ selten in den Simulationen gezogen wurden. Mit den Ergebnissen können nun mittels sehr einfacher Berechnungen Wahrscheinlichkeitsaussagen getroffen werden, wie beispielsweise: Die Wahrscheinlichkeit, dass man unter 70 Minuten benötigt, ist ca. 15 %, für mehr als 90 Minuten ca. 27 %, zwischen 70 und 80 Minuten ca. 29 % und mit einer 99 %igen Wahrscheinlichkeit ist man in unter 105 Minuten fertig. Dieser Zusammenhang ist in Abb. 3.2, der Wahrscheinlichkeitsverteilung der Gesamtdauer dargestellt.

Man könnte jetzt natürlich argumentieren, dass Ihre Pace mit der Länge der Strecke korreliert; bei einer langen Strecke ist man eher erschöpft und braucht deshalb mehr Minuten pro Kilometer. Hätte man einen Datensatz über seine bisherigen Läufe mit Angabe der gelaufenen Kilometer und der durchschnittlichen Pace, so könnte man die Korrelation errechnen und beispielsweise erkennen, dass der Zusammenhang durch einen Korrelationskoeffizienten in Höhe von 0,15 beschrieben werden kann. Auch solche Informationen kann die Monte-Carlo-Simulation verarbeiten.

Angewendet auf das Risikomanagement im Unternehmen sind die Unsicherheiten nicht die Pace und die Länge, sondern die einzelnen

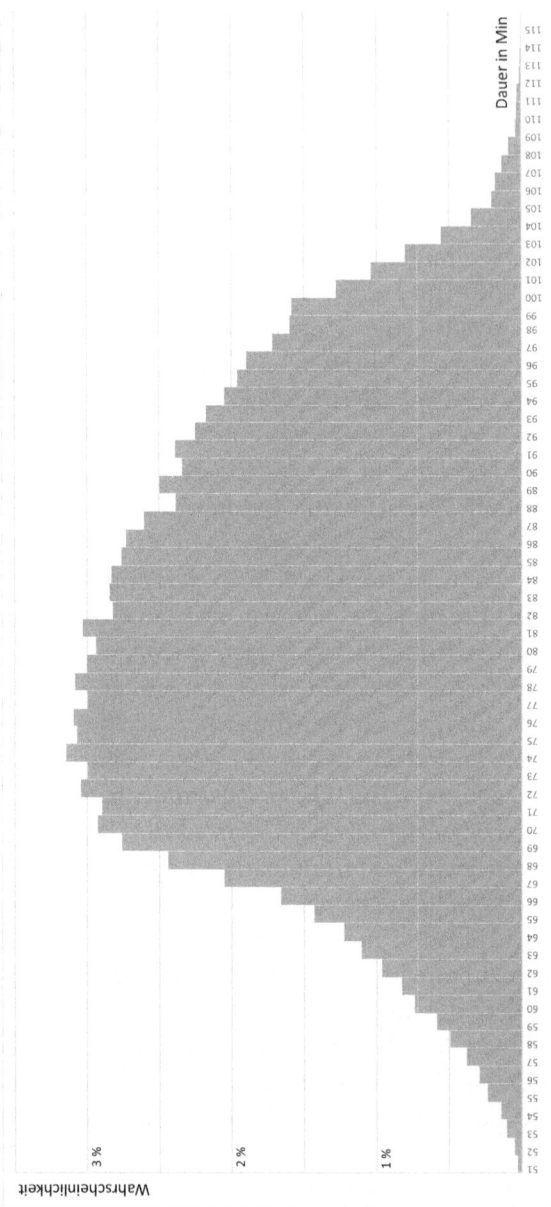

Abb. 3.2 Resultat der Monte-Carlo-Simulation: Dauer des Parklaufs

Risiken. Die Monte-Carlo-Verteilung kann diese aggregieren und somit eine Wahrscheinlichkeitsverteilung für die Liquidität oder den Gewinn ableiten. In der Praxis wird diese Verteilung vor allem für zwei Anwendungen benutzt:

- Value at Risk (VaR): Es wird der Verlust berechnet, der mit einer Wahrscheinlichkeit von z. B. 99 % in den nächsten 12 Monaten nicht überschritten wird. Dieser Art, Risiken über den VaR auszudrücken, hat sich zum Standard-Risikomaß entwickelt.
- Grad der Bestandsgefährdung: Es wird die Wahrscheinlichkeit berechnet, mit welcher die Verluste durch eingetretene Risiken die Widerstandsfähigkeit des Unternehmens überschreiten. Diese Wahrscheinlichkeit kann auch als Insolvenzwahrscheinlichkeit interpretiert werden.

Der besondere Vorteil der Monte-Carlo-Simulation ist der, dass die Ergebnisse mit verschiedenen Annahmen durchgerechnet werden können, um die Ergebnisse zu vergleichen. So kann beispielsweise untersucht werden, wie eine unternehmerische Entscheidung den Value-at-Risk und die Insolvenzwahrscheinlichkeit verändert. Zudem kann analysiert werden, wie sinnvoll einzelne Risikosteuerungsmaßnahmen sind und damit auch, wie teuer diese sein dürfen. Auch die Wesentlichkeit der einzelnen Risiken kann so präziser abgeschätzt werden, indem die Simulation einmal mit und einmal ohne das jeweilige Risiko berechnet wird.

Abschließend scheinen Worte zur Vorsicht angemessen: Im Risikomanagement ist es nötig, sich auf mathematische Modelle, wie das eben Besprochene, zu verlassen. Es darf aber nie vergessen werden, dass diese Modelle auf Annahmen basieren und somit die Realität nie richtig abbilden können (vgl. Dermann und Wilmott 2009). Auch bei der „Monte-Carlo-Simulation" gilt die bekannte Weisheit „Garbage in, Garbage out" (Müll rein, Müll raus): Sie können wichtige Risiken vergessen oder falsche Einschätzungen vorgenommen haben, vielleicht ist Ihnen auch ein Fehler in der Berechnung passiert. Verfallen Sie daher nie in blinde Modellgläubigkeit und hinterfragen Sie Ihre Ergebnisse stets auf Plausibilität. Die Monte-Carlo-Simulation kann lediglich ihre Einschätzungen über ihre Risikolandschaft zusammenfassen.

Ihr Transfer in die Praxis
- Betrachten Sie die für Ihr Unternehmen wichtigen Kennzahlen regelmäßig.
- Führen sie unbedingt eine Liquiditätsplanung durch.
- Anhand von Fragenkatalogen können Sie Schwachstellen im Unternehmen einfach und schnell aufdecken. Der zeitliche Aufwand dafür beträgt wenige Stunden.
- Erstellen Sie eine umfassende Liste mit allen Risiken, die auf Ihr Unternehmen zutreffen und leiten Sie daraus den Risikoumfang her.

4

Zusammenfassung

> **Was Sie aus diesem Buch mitnehmen**
> - Nahezu jedes Unternehmen kommt früher oder später in eine Krise. Ob diese Krise überlebt wird, hängt insbesondere davon ab, wie schnell diese erkannt wird.
> - Die Wahrscheinlichkeit für Unternehmenskrisen hat sich für viele Geschäftsmodelle deutlich erhöht; die heutige Umwelt ist sehr schnelllebig und die Rahmenbedingungen haben sich drastisch verändert.
> - Krisenfrüherkennung ist eine Methode mit einem sehr hohen Return-on-Investment.
> - Es existieren diverse Methoden. Viele davon sind sehr einfach umzusetzen und es kann als fahrlässig angesehen werden, sich davor zu verweigern.
> - Ein umfassendes Risikomanagement, mitsamt Risikoinventur und Aggregation ist die beste Methode, um das eigene Unternehmen zu verstehen und zu beschützen.

Das Ziel dieses Buches war es, Unternehmen dazu zu befähigen, Unternehmenskrisen frühzeitig zu erkennen. Zu diesem Zweck wurden im Kapitel zwei die Ursachen für Unternehmenskrisen identifiziert und die einzelnen Phasen der Krise gezeigt. Darüber hinaus wurden die gesetzlichen Anforderungen und das aktuelle Unternehmensumfeld als Motivation für die Implementierung einer Krisenfrüherkennung vorgestellt.

Das Kapitel drei befasste sich mit den Methoden der Krisenfrüherkennung und stellte insbesondere das ganzheitliche Risikomanagement als Methode zur Berechnung des Grads der Bestandsgefährdung in den Vordergrund. Die dort vorgestellten Methoden sind nicht als Substitute zu sehen, sondern vielmehr als Komplemente. Ein Unternehmen sollte sich mit den einzelnen Methoden vertraut machen und identifizieren, ggf. unter Zuhilfenahme von Beratungsdienstleistung, welche Methoden eingesetzt werden sollten. Ziel muss es sein, wie der Gesetzgeber selbst hervorgehoben hat, dass die Methoden ohne größere organisatorische Vorkehrungen eingesetzt werden können und beim Unternehmen einen tatsächlichen Mehrwert schaffen. Der Mehrwert sollte dabei nicht nur im „Überleben" sondern auch in einer besseren und profitableren Unternehmensaufstellung liegen.

Abschließend sei erneut darauf hingewiesen, dass Krisenfrüherkennung, insbesondere in unserer hochkomplexen und chaotischen VUCA-Welt, als zentrale Führungsaufgabe der Geschäftsführung anzusehen ist.

Ihr Transfer in die Praxis
- Machen Sie sich mit den Methoden der Krisenfrüherkennung vertraut.
- Falls Ihr Unternehmen ein Controlling hat, so kann es die Geschäftsführung deutlich entlasten.
- Die hier vorgestellten Methoden beschützen das Unternehmen nicht nur vor Krisen, sondern helfen auch bessere Entscheidungen zu treffen und sich so besser strategisch aufzustellen.

Literatur

Admati, Anat, Hellwig, Martin. 2013. Des Bankers neue Kleider. München: FBV.
Altman, Edward. 2013. Predicting financial distress of companies: revisiting the Z-Score and Zeta models. In: Handbook of Research Methods and Applications in Empirical Finance, 428–456. Cheltenham: Edward Elgar.
Blum, Alexander. 2015. Instrumente zur Früherkennung von Unternehmenskrisen. In: Handbuch Unternehmensrestrukturierung. Hrsg. U. Hommel et al. Wiesbaden: Springer.
Bracha, Anat, Brown, Donald. 2012. Affective decision making: A theory of optimism bias. Games and Economic Behavior, 75(1), 67–80.
DeMarco, Tom. Lister, Tim. 2003. Bärentango – Mit Risikomanagement Projekte zum Erfolg führen. München: Hanser.
Dermann, Emanuel, Wilmott, Paul. 2009. Financial Modelers Manifesto. https://wilmott.com/financial-modelers-manifesto/
Euler Hermes und ZIS Mannheim. 2006. Ursachen von Insolvenzen – Gründe für Unternehmensinsolvenzen aus der Sicht von Insolvenzverwaltern. Wirtschaft Konkret Nr. 414.
Exler, Markus, Clemens Gapp, Thomas Levermann, Matthias Ortner. 2014. Das Erkennen einer strategischen Krise als Managementaufgabe. Controller Magazin 39(6): 4–11.

Fleege-Althoff, Fritz. 1930. Die notleidende Unternehmung. Stuttgart: Poeschl.
Füser, Karsten, Gleißner, Werner. 2014. Praxishandbuch Rating und Finanzierung. München: Vahlen.
Giesen. 2022. https://www.risikozweinull.de/krisentool
Glaser, Christian. 2019. Risiko im Management: 100 Fehler, Irrtümer, Verzerrungen und wie man sie vermeidet. Wiesbaden: Springer.
Gleißner, Werner, Lienhard, Frank, Kühne, Matthias. 2021. Implikationen des StaRUG – Neue gesetzliche Anforderungen an das Krisen- und Risikofrüherkennungssystem, 32–40. Zeitschrift für Risikomanagement. Berlin: Erich Schmidt.
Gleißner, Werner, Romeike, Frank. 2022. StaRUG und FISG: Neue Aufgaben für den Aufsichtsrat. In: Der Aufsichtsrat Heft 1/2022.
Gleißner, Werner, Wolfrum, Marco. 2019. Risikoaggregation und Monte-Carlo-Simulation. Wiesbaden: Springer.
Gleißner, Werner. 2015. Der Vorstand und sein Risikomanager – Umgang mit Chancen und Gefahren der Unternehmensführung. Konstanz: UVK.
Gleißner, Werner. 2020. Wie beweist man, dass das Risikomanagement den Anforderungen der §§ 91 und 93 AktG nicht genügt? In: RWZ-Heft (7): 273–280.
Gleißner, Werner. 2021. Unternehmerische Entscheidungen – Haftungsrisiken vermeiden (§ 93 AktG, Business Judgement Rule). In: Controller Magazin 45(1): 17–23.
Gruber, Wolfgang, Heesen, Bernd. 2018. Bilanzanalyse und Kennzahlen – Fallorientierte Bilanzoptimierung, 6. Aufl., Wiesbaden: Springer.
Hauschildt, Jürgen, Grape, Christian, Schindler, Marc. 2005. Typologien von Unternehmenskrisen im Wandel. In Manuskripte aus den Instituten für Betriebswirtschaftslehre der Universität Kiel, No. 588.
Kempe, Oliver, Sachse, Dirk. 2003. Die Balanced Scorecard als Bestandteil eines Frühwarnsystems. In: Frühwarnsysteme. Hrsg. Roland Schatz, 49–68. Fribourg: InnoVatio.
Krystek, Ulrich, Müller-Stewens, Günter. 1993. Frühaufklärung für Unternehmen. Identifikation und Handhabung zukünftiger Chancen und Bedrohungen. Stuttgart: Schäffer-Poeschl.
Krystek, Ulrich, Müller-Stewens, Günter. 2006. Strategische Frühaufklärung. In: Strategische Unternehmensplanung – strategische Unternehmensführung, Stand und Entwicklungstendenzen. Hrsg. Dieter Hahn und Bernard Taylor, 175–193. Heidelberg: Springer.

Krystek, Ulrich. 1987. Unternehmungskrisen: Beschreibung, Vermeidung und Bewältigung überlebenskritischer Prozesse in Unternehmungen. Wiesbaden: Gabler.

Krystek, Ulrich. 2005. Weak Signals und Aussagen der Diffusionstheorie: Grundlagen der strategischen Früherkennung. In: Management von Ad-hoc Krisen. Hrsg. Christoph Burmann, Jörg Freiling, Michael Hülsmann. Wiesbaden: Gabler.

Liebl, Franz. 2005. Technologie-Frühaufklärung – Bestandsaufnahme und Perspektiven. In: Handbuch Technologie und Innovationsmanagement. Hrsg. Albers, Sönke, Gassman, Oliver, 119 – 136. Wiesbaden: Gabler.

Macharzina, Klaus. 1984. Diskontinuitätenmanagement: strategische Bewältigung von Strukturbrüchen bei internationaler Unternehmenstätigkeit. Berlin. Schmidt.

Meißner, Jana, Schach, Annika. 2019. Professionelle Krisenkommunikation: Basiswissen, Impulse und Handlungsempfehlungen für die Praxis. Wiesbaden: Springer.

Moldenhauer, Ralf, Krystek, Ulrich. 2007. Handbuch Krisen- und Restrukturierungsmanagement: generelle Konzepte, Spezialprobleme, Praxisberichte. Stuttgart: Kohlhammer.

Romeike, Frank, Hager, Peter. 2020. Erfolgsfaktor Risiko-Management 4.0. Wiesbaden: Springer.

Taleb, Nassim. 2013. Narren des Zufalls: Die unterschätzte Rolle des Zufalls in unserem Leben. München: btb.

Töpfer, Armin. 1999. Plötzliche Unternehmenskrisen – Gefahr oder Chance? Grundlagen des Krisenmanagement, Praxisfälle, Grundsätze zur Krisenvorsorge. München: Luchterhand.

Vanini, Ute, Rieg, Robert. 2021. Risikomanagement – Grundlagen, Instrumente, Unternehmenspraxis. München: Beck.

Wöhe, Günter, Döring, Ulrich, Brösel, Gerrit. 2020. Einführung in die Allgemeine Betriebswirtschaftslehre. München: Vahlen.

Zwick, Patrick. 2021. Unternehmenskrisen bewältigen – Die Bedeutung der Persönlichkeit für erfolgreiches Management in der Krise. Wiesbaden: Springer-Gabler.

The manufacturer's authorised representative in the EU is Springer Nature Customer Service Centre GmbH, Europaplatz 3, 69115 Heidelberg, Germany. If you have any concerns regarding our products, please contact ProductSafety@springernature.com

Printed and bound by CPI Group (UK) Ltd, Croydon, CR0 4YY

25/03/2026

02078231-0004